I0001940

EXAMEN
DES LOIS

DES 17, 26 MAI; 9 JUIN 1819, ET 31 MARS 1820.

48

3155

DE L'IMPRIMERIE DE HUZARD-COURCIER,

RUE DU JARDINET-SAINT-ANDRÉ-DES-ARCS, N° 12.

EXAMEN
DES LOIS

DES 17, 26 MAI; 9 JUIN 1819, ET 31 MARS 1820,

RELATIVES A LA RÉPRESSION

DES ABUS DE LA LIBERTÉ DE LA PRESSE;

PAR M. CARNOT,

AUTEUR DE PLUSIEURS OUVRAGES SUR LA LÉGISLATION.

ACQ. 46,194
LABÉDOY

Lorsque la loi commande, il faut obéir : mais il n'est pas interdit d'en solliciter le changement et même d'en contester la justice et la convenance.

(Ces dernières paroles extraites d'un dis-cours de M. le garde des sceaux.)

A PARIS,

CHEZ NÈVE, LIBRAIRE DE LA COUR DE CASSATION,
Galerie du Palais de Justice, n° 9.

1820.

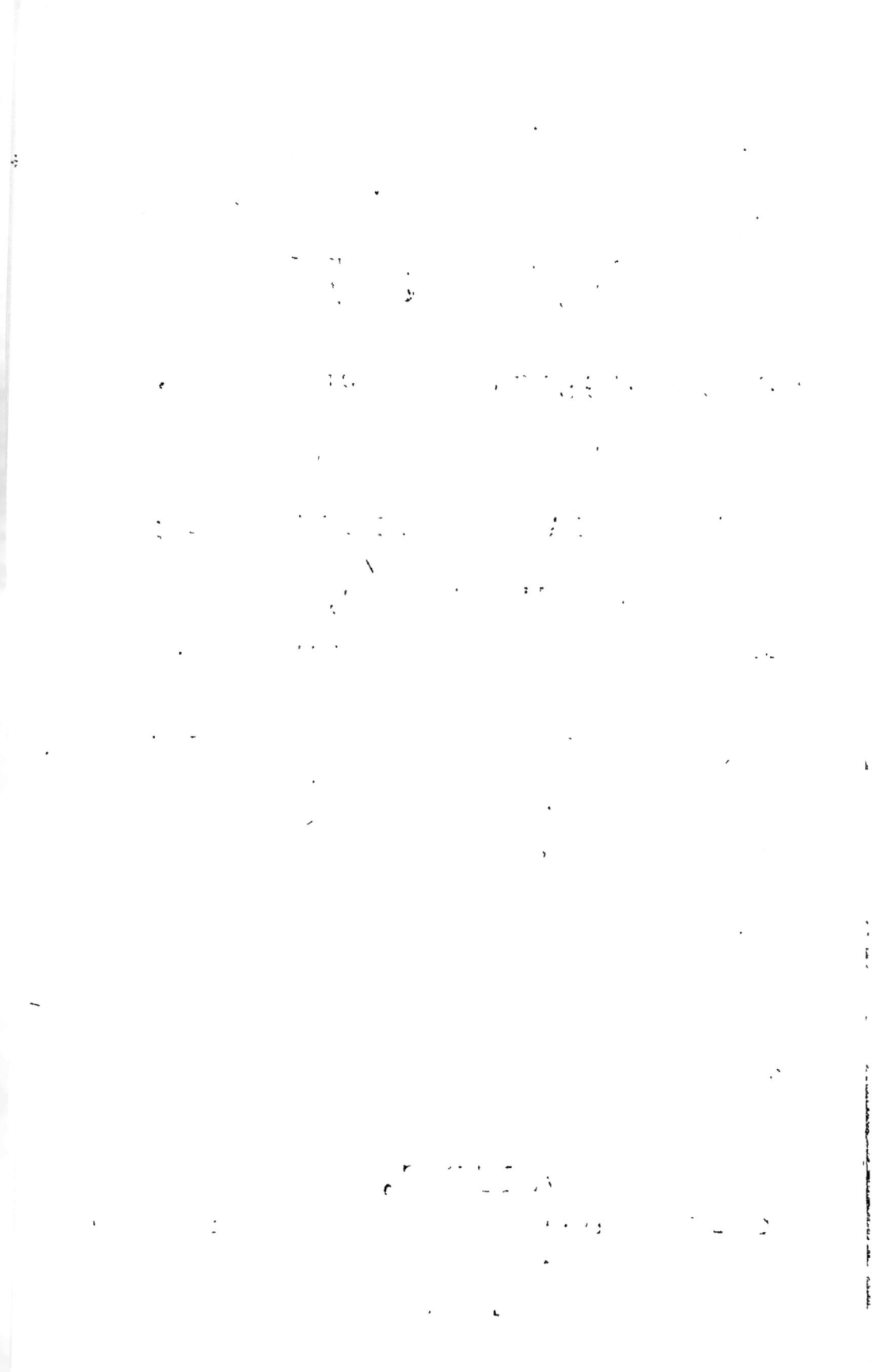

INTRODUCTION.

Lorsque le Gouvernement faisait hautement proclamer (1), *que le temps du péril était passé*, l'on pouvait s'attendre à voir bientôt prononcer l'entière abolition de la loi du 9 novembre 1815, que M. de Castelanne avait signalée, à la Chambre des Pairs, *comme étant devenue l'objet d'un dégoût universel :* mais cet espoir ne tarda pas à être déçu, lorsque l'on entendit M. le ministre de l'intérieur dire qu'elle ne serait que *remplacée :* les lois nouvelles ont été rédigées, en effet, dans le même esprit ; cependant, il faut rendre cet hommage à la vérité, qu'elles ont apporté des améliorations sensibles à la législation ; et que peut-être même, il y aurait eu peu de changemens à y faire, pour les rendre ce qu'elles devraient être. (2)

---

(1) Par M. le ministre des finances, le 17 mai, à la Chambre des Pairs.

(2) Dans la séance de la Chambre des Pairs, du 26 juin 1820, M. le duc de Richelieu, président du conseil des ministres, a parlé *du moment où l'on s'occuperait des améliorations dont peut être susceptible la législation de la presse;* de sorte que, le Gouvernement juge lui-même, que les lois sur cette matière, n'ont pas atteint le degré de perfection désirable : il importe donc d'en faire un examen réfléchi, une critique sévère, d'en signaler les imperfections, d'en relever les omissions, et de mettre ainsi le Gouvernement sur la voie de combiner tous les intérêts, de manière que les écrivains et la société, y trouvent un abri salutaire.

Le vice principal qui s'y fait remarquer est celui qui résulte, de ce que les provocations *indirectes* y sont mises au rang des délits punissables ; ce qui livre la liberté, la fortune des citoyens à un arbitraire effrayant : les peines ne paraissent pas non plus être bien proportionnées aux genres de délits qu'elles répriment. Pourquoi, d'ailleurs, exiger un cautionnement des journalistes, lorsque la Charte donne à tous les Français, *sans restriction*, le droit de publier et de faire imprimer leurs opinions, en se conformant aux lois qui doivent *réprimer* l'abus de cette liberté?

Dans la discussion, à laquelle nous allons nous livrer, nous dirons comment les lois nouvelles doivent être exécutées ; car elles doivent l'être : nous nous expliquerons franchement sur les modifications dont nous les croyons susceptibles ; mais nous ne parlerons qu'en simple théorie, et pour le cas seulement, où le Gouvernement croira devoir s'occuper des améliorations promises par M. le président du Conseil des ministres.

Le plan de cet Ouvrage est suffisamment indiqué, par la nature même des choses : chaque article sera discuté dans son ordre, et analysé de manière à en rendre l'application facile.

EXAMEN

DES LOIS

DES 17, 26 MAI; 9 JUIN 1819, ET 31 MARS 1820.

§ Ier.

LOI DU 17 MAI 1819,

SUR la répression des crimes et délits commis par la voie de la presse, ou par tout autre moyen de publication.

CHAPITRE PREMIER.

DE LA PROVOCATION PUBLIQUE AUX CRIMES ET DÉLITS.

ARTICLE PREMIER.

QUICONQUE, soit par des discours, des cris ou menaces proférés dans des lieux ou réunions publics, soit par des écrits, des imprimés, des dessins, des gravures, des peintures ou emblêmes vendus ou distribués, mis en vente, ou exposés dans des lieux ou réunions publics, soit par des placards et affiches exposés aux regards du public, aura provoqué l'auteur ou les auteurs de

toute action qualifiée crime ou délit à la com-
mettre, sera réputé complice et puni comme tel.

1. La loi du 17 mai n'autorise à faire des poursuites aux cas qu'elle a prévus, que dans le concours
de deux circonstances; la première, que la provocation ait été *publique;* la seconde, qu'elle ait eu
pour objet *un crime ou un délit* puni par les lois
existantes : mais lorsque la provocation réunit ce
double caractère, elle n'aurait été qu'*indirecte,*
qu'elle rentrerait dans la disposition de la loi : la
qualification d'*indirecte* n'est pas écrite à la vérité,
dans la loi, mais elle s'y trouve *implicitement;* ce
fut même une chose convenue dans la discussion;
de sorte que sous ce premier rapport, *l'honneur,*
la liberté, la fortune des citoyens, se trouvent être
nécessairement compromis d'une manière à jeter
l'effroi dans l'âme de tous.

Pour mettre cette vérité dans tout son jour, il
suffira de rappeler quelques fragmens des discours
qui furent prononcés dans la Chambre des pairs, par
MM. de Castelane et Desèze, lors de la discussion
qui s'établit sur la proposition qui avait été faite par
un de ces nobles pairs, de rapporter la loi du 9 novembre 1815.

« Rien de plus incompatible avec la liberté de la
» presse, disait M. de Castelane, que de mettre au
» rang des délits, la provocation *indirecte :* cette
» locution *indéterminée* n'admettant aucune base
» à son application, retire toute garantie aux écri-
» vains les moins suspects de mauvais desseins :
» voilà que la lice est ouverte aux magistrats,

» *dont le zèle ou les passions* sont autorisés à
» s'appuyer sur des indices, des interprétations,
» des opinions, des inductions, des intentions, et
» tout cela, sans aucune limite, que des esprits
» plus ou moins féconds et d'une recherche plus ou
» moins adroite, de procéder et d'examiner. »

» Il faut convenir, ajoutait M. Desèze, que le
» mot *indirect,* n'est pas susceptible d'une véri-
» table définition; qu'il admet toutes sortes d'inter-
» prétations; que c'est un espace livré à l'inspira-
» tion tout entière; qu'il n'y a rien de si éloigné que
» l'on ne puisse y ramener *par de l'adresse ou*
» *par des efforts;* que *tout* peut passer, en quelque
» sorte, *en matière d'accusation,* pour *indirect :*
» et certes, quand il est question de l'honneur et de
» la liberté; quand on a à craindre des condamna-
» tions humiliantes, ce n'est pas à des choses vagues,
» à des abstractions indéfinissables, à des qualifi-
» cations que *la pensée ne peut saisir,* qu'il faut
» livrer les personnes et leurs destinées. » (1)

Comment a-t-il donc pu se faire, que les provocations *indirectes* aient été mises au rang des délits
punissables?

On a dit, pour justifier cette disposition de la loi,
que les causes de cette nature devant être soumises

---

(1) Le prince royal de Prusse avait dit, avant les nobles pairs,
dans sa lettre à Voltaire du 13 novembre 1737 : « Que toutes les
» actions des hommes sont sujetes à des interprétations diffé-
» rentes ; qu'on peut répandre du venin sur les bonnes, et don-
» ner aux mauvaises un tour qui les rende excusables et même
» louables ; » tant est vaste le champ de l'*interprétation.*

à des jurés, l'on ne pouvait supposer qu'ils se por-
tassent jamais, à déclarer le prévenu coupable de
provocation, lorsque la provocation n'aurait pas
été *réelle;* mais lorsque toutes les passions sont en
jeu, cette suppositon pourrait bien se trouver quelquefois en défaut; et d'ailleurs, ce n'est pas sur
toutes les causes de cette nature que les jurés
sont appelés à prononcer; le plus grand nombre
a été laissé dans les attributions des *tribunaux,*
auxquels on n'a peut-être pas assez réfléchi que l'on
faisait indirectement le procès en présentant *l'établissement du jury,* comme devant être un point
de tranquillité pour les prévenus.

On a ajouté que, la partie civile dans sa plainte,
que la partie publique dans son réquisitoire, et que
les tribunaux dans leurs jugemens, devant *articuler
et qualifier les faits de provocation,* le prévenu
n'a pas à redouter de se voir condamner, lorsqu'il
ne se sera pas *réellement* rendu coupable de *provocation;* mais, dès que l'on admet en principe
que, de simples provocations *indirectes* peuvent
emporter la condamnation du prévenu, il en résulte
nécessairement, que les plaintes, réquisitoires et
jugemens peuvent contenir l'articulation et la qualification de provocation *indirecte;* d'où suit que,
les articulations et qualifications ordonnées, ne
peuvent être, sous ce rapport, d'aucun secours au
prévenu.

Il ne reste donc pour toute ressource contre
l'arbitraire, en cette matière, que de suivre le
conseil qui a été donné par la commission de la
Chambre des pairs; et en conséquence, de ne pas

faire résulter la provocation *indirecte* de termes *équivoques, ambigus, indéterminés;* mais ce n'est là qu'un simple *conseil,* et l'on peut concevoir des craintes assez bien fondées, qu'il ne soit pas ponctuellement suivi, lorsque depuis même qu'il a été donné, l'on a entendu proclamer dans une audience publique, en point de doctrine, que la provocation peut résulter *de la seule intention de provoquer,* comme si l'*intention* pouvait constituer un *délit,* lorsqu'elle ne s'est encore manifestée par aucun acte et qu'elle ne se rattache matériellement à aucun fait; comme si l'intention pouvait être jamais, le régulateur des jugemens. L'arbitraire est à la justice, ce qu'est le vice à la vertu : leur alliance serait celle des deux extrêmes ; la loi qui en aurait décrété l'amalgame constituerait une injustice *légale,* la plus insupportable de toutes; et nous aimons à croire qu'aucun magistrat en France, ne se résoudrait à prendre ses passions pour la règle de ses jugemens. Aussi, dans le cas même où il aurait échappé d'avancer que l'arbitraire et la partialité doivent être mis à l'ordre du jour, ne devrait-on attacher à ces qualifications que le sens qu'elles doivent comporter; car ce n'est pas sous le règne des Bourbons, que la partialité, que l'arbitraire, peuvent trouver place dans la législation.

II. Si l'on n'avait à consulter que les principes du droit commun, et même que les dispositions de l'article 1er de la loi du 17 mai, la provocation à des crimes et délits, eût-elle même été *directe,* ne pourrait autoriser des poursuites, dans le cas où elle n'aurait produit *aucun effet;* mais les articles 2 et 5 ont dérogé à ces principes généraux; d'où suit qu'aujourd'hui, la provocation n'aurait été qu'*indirecte*, c'est-à-dire, que présumée, et n'aurait produit *aucun effet*, que le prétendu provocateur pourrait être poursuivi et condamné.

III. La loi du 17 mai se borne à indiquer ce qui doit être *réputé provocation*, sans donner la définition, de ce qui peut la constituer; chose qui eût été cependant bien importante.

La provocation ne pouvant être que l'action *d'exciter*, *d'inciter*, il ne peut y avoir de véritable provocation que dans le cas, où par un moyen quelconque, on a cherché à émouvoir, à séduire, à enflammer l'imagination; poussé, encouragé à commettre un crime ou un délit : hors de cette sphère, on aura bien pu déraisonner, dire ou écrire des choses inconvenantes, répréhensibles même; mais l'on ne se sera pas rendu coupable de provocation.

IV. La loi n'a pas dit non plus, ce qu'il faut entendre par *lieux et réunions publics*. Est-ce bien un lieu public, dans le sens de la loi, que celui où l'on n'est admis *qu'en payant?* Une réunion est-elle publique, dans le même sens, parce que des citoyens se trouvent réunis, en plus ou moins grand nombre? *Par lieux publics*, on ne peut entendre que ceux où tous les citoyens sont indifféremment admis, *sans condition d'admission;* et par *réunions publiques*, que celles qui sont commandées ou autorisées par la loi.

v. Dans les cas de poursuites pour la répression d'un délit de ce genre, trois choses doivent principalement être prises en considération; l'on doit commencer par examiner, s'il y a réellement eu provocation : lorsque l'on trouve ce caractère au fait dénoncé, l'on doit s'assurer que la provocation se rattache à un crime ou à un délit *punissable* ; et enfin, que la provocation a été rendue *publique*, par l'un des moyens exprimés dans l'article 1er de la présente loi : d'où résulte, que les jugemens qui interviennent sur une prévention de cette nature, doivent être *motivés*, sous tous ces rapports, pour autoriser la condamnation du prévenu.

vi. Ce n'est pas des seuls *écrits imprimés* que parle l'article 1er, il range dans la même catégorie, les *écrits* ou *imprimés*, il les comprend tous également dans sa disposition.

vii. La loi considère comme une *publicité suffisante, la vente* de l'ouvrage, *sa mise en vente, son exposition* et *sa distribution.*

Par *distribution*, il ne faut pas entendre les communications *confidentielles* d'un écrit, ni même le don qui pourrait en être fait par l'auteur à quelques amis; ce n'est pas là ce que l'on peut qualifier *de distribution*, dans ses rapports avec la *publicité* requise, pour constituer le délit de provocation. *L'action de distribuer* est celle de répandre avec une telle profusion qu'elle donne nécessairement à l'écrit une publicité *réelle.*

VIII. L'article 1er suppose, que l'on peut se rendre coupable de provocation à des crimes ou délits, par la publication de dessins, de gravures, de peintures ou emblêmes; ce qui n'a été et ce qui n'a pu même être que la conséquence, de ce que des poursuites sont autorisées, au cas de provocation *indirecte;* car il ne peut résulter de provocations *directes,* de publications de ce genre.

IX. Le même article parle de *cris* ou *menaces;* mais les cris ou menaces ne peuvent être considérés comme constitutifs de provocation que dans des cas extrémement rares; et seulement, lorsqu'il peut en résulter une provocation *à des crimes ou délits;* car ce n'est qu'en ce sens, qu'ils peuvent être considérés comme *séditieux,* et ce n'est que des cris *séditieux publiquement proférés* que parle l'article 1er; ce qui résulte évidemment des dispositions du n° 1er de l'article 5; chose qui n'a pas été suffisamment remarquée jusqu'à ce jour. Les menaces, non plus, ne peuvent rentrer dans les dispositions de la présente loi, lorsqu'elles n'ont pas eu pour objet des crimes ou délits, et qu'elles n'ont pas été de nature à faire impression sur les esprits; car des menaces dont l'absurdité se montrerait à tous les regards, ne pouvant produire d'effet, seraient l'ouvrage d'un *fou* plutôt que *d'un malintentionné.* Les cris, les menaces qui n'auraient pas ce caractère, mériteraient au plus les peines de police prononcées par le Code pénal, contre les individus qui troublent l'ordre public; ils sortiraient évidemment des dispositions de la présente loi.

ARTICLE II.

*Quiconque aura, par l'un des moyens énon-
cés en l'article* 1er *, provoqué à commettre un ou
plusieurs crimes, sans que ladite provocation ait
été suivie d'aucun effet, sera puni d'un emprisonnement qui ne pourra être de moins de trois
mois ni excéder cinq années, et d'une amende
qui ne pourra être au-dessous de cinquante francs,
ni excéder six mille francs.*

i. Cet article et le suivant, viennent ajouter à la
rigueur de l'article 1er; ils prononcent des peines
contre l'auteur de la provocation, lors même qu'elle
n'aurait produit *aucun effet :* mais les peines
dans ce cas, ne peuvent être que celles de *l'emprisonnement et de l'amende,* tandis que ce sont
celles *de la complicité* qui lui deviendraient applicables et qui pourraient être *afflictives ou infa-
mantes,* si la provocation avait produit *un effet
quelconque,* c'est-à-dire, si le crime provoqué, avait
été *commis* ou *tenté de commettre.*

ii. Les peines d'emprisonnement et d'amende
prononcées par les articles 2 et 3, peuvent être
portées à un *maximum* très-élevé; et ces peines,
au *minimum* même, sont encore extrêmement
sévères; mais elles ne sont applicables qu'au cas
où le délit provoqué, s'il avait été commis ou tenté
de commettre, en aurait emporté *une égale ou plus
forte ;* car si le délit provoqué, lors même qu'il
aurait été commis ou tenté de commettre, n'aurait pu

faire condamner son auteur qu'à une peine *moindre*, ce serait cette peine qu'il faudrait appliquer.

III. Le prévenu de provocation, même *indirecte*, au cas prévu dans l'article 2, peut être condamné à un emprisonnement de *cinq années* et à une amendé *de* 6,000 *francs*, et au double, en cas de récidive. L'article 102 du Code pénal, que l'art. 26 de la loi du 17 mai a déclaré aboli, prononçait bien la peine du *bannissement;* mais pour rentrer dans l'application de cet article, la provocation devait avoir été faite *directement.*

IV. Dans un ouvrage que nous publiâmes, au mois de janvier 1819, nous nous élevâmes avec force contre la *cumulation* des peines pour la répression d'un même délit; et plus nous y réfléchissons, moins il peut entrer dans notre pensée qu'*un même délit* puisse être puni *d'une double peine :* tout dépend d'appliquer celle qui convient au genre de délit qui est à réprimer. Ainsi, par exemple, la peine de *l'emprisonnement* aurait pu être prononcée par l'article 2, et celle de *l'amende* par l'article 3; chacune de ces peines aurait été mieux proportionnée, dans notre opinion, aux divers genres de délits que ces articles tendent à réprimer.

V. Il y aurait beaucoup à dire aussi sur l'autorisation que la loi donne aux tribunaux, d'appliquer les peines au *maximum* ou au *minimum;* car il en est souvent résulté un assez grand scandale, et surtout, lorsque l'on a pu voir inscrits, sur le même placard, des jugemens qui avaient prononcé des condamnations à plusieurs années d'emprisonnement et à plusieurs mille francs d'amende, pour prétendues provocations *indirectes;* lorsque d'autres jugemens n'avaient prononcé qu'une légère amende, sans emprisonnement, contre des individus qui étaient déclarés convaincus de la plus noire calomnie.

ARTICLE III.

Quiconque aura, par l'un des mêmes moyens, provoqué à commettre un ou plusieurs délits, sans que ladite provocation ait été suivie d'aucun effet, sera puni d'un emprisonnement de trois jours à deux années, et d'une amende de trente francs à quatre mille francs, ou de l'une de ces deux peines seulement, selon les circonstances, sauf les cas dans lesquels la loi prononcerait une peine moins grave contre l'auteur même du délit, laquelle sera alors appliquée au provocateur.

Voyez nos observations sur l'article 2.

ARTICLE IV.

Sera réputée provocation au crime, et punie des peines portées par l'article 2, toute attaque formelle par l'un des moyens énoncés en l'article 1er, soit contre l'inviolabilité de la personne du Roi, soit contre l'ordre de successibilité au trône, soit contre l'autorité constitutionnelle du Roi et des Chambres.

1. Cet article ne répute *provocation au crime,* et ne punit des peines portées en l'article 2, que *l'attaque formelle* contre l'inviolabilité *de la personne du Roi,* que celle contre *l'ordre de successibilité au trône,* et que celle contre *l'autorité constitutionnelle* du Roi et des Chambres.

Ces trois cas exceptés, la provocation même au *crime* ne devient punissable que lorsque le crime provoqué a été *commis* ou *tenté de commettre;* et c'est alors l'article 1ᵉʳ qui devient applicable. L'article 4 n'est, en effet, que le corollaire de l'article 2, dont il restreint l'application aux cas prévus dans cet article 4. L'article 102 du Code pénal n'avait pareillement dérogé aux principes du droit commun, en matière de *tentative,* que pour les cas mentionnés dans la section 2, titre 1ᵉʳ du livre 3.

Ces cas étaient plus nombreux, il est vrai, que ceux qui se trouvent énoncés dans l'article 4 de la présente loi; mais si la nouvelle loi modifie, sous ce rapport, les dispositions du Code pénal, elle en aurait aggravé la rigueur sous un autre bien plus important, si l'on pouvait supposer qu'il autorisât la condamnation des prévenus de provocation, même *indirecte,* à tous les *crimes* mentionnés dans l'article 1ᵉʳ, lors même qu'elle n'aurait produit aucun effet.

Mais ces mots de l'article 4 *attaque formelle,* ne permettent pas de faire une pareille supposition: c'est ce que nous établirons dans un instant : nous devons nous borner quant à présent, à indiquer aux tribunaux quel serait le devoir de leur charge, dans le cas où ils auraient à prononcer, par application de cet article, sur le sort des prévenus de simple provo-

cation *indirecte ;* et nous allons laisser parler sur ce point, le célèbre chancelier de l'Hôpital. Voici comment il s'expliquait, dans la harangue qu'il prononça devant les Chambres assemblées du parlement de Paris, à la séance royale, où fut présenté à l'enregistrement de cette cour, l'édit de minorité de Charles IX : « il y a dans cette compagnie,
» comme dans bien d'autres, des têtes enthousiastes
» qui consultent moins *une affaire en elle-même,*
» que *les préventions contre la doctrine et les*
» *mœurs de ceux qu'elles doivent juger :* elles
» pensent faire un acte méritoire, *en donnant gain*
» *de cause* à celui qu'elles regardent *comme plus*
» *homme de bien et meilleur chrétien,* et ne
» prennent pas garde *qu'elles sont établies juges*
» *du pré et du champ,* NON *de la croyance et*
» *des mœurs.* Si vous ne vous sentez pas la force,
» ajoutait ce digne magistrat, *de commander à*
» *vos passions* et d'aimer vos ennemis comme Dieu
» le commande, *renoncez à une profession* qui
» ne peut plus vous convenir (1). » Chacun sait qu'à l'époque où le chancelier parlait ainsi, le fanatisme élevait partout des bûchers, et que les juges se rendaient peu difficiles, lorsqu'il s'agissait de prononcer la condamnation des réligionnaires.

II. Les mots *attaque formelle* qui se lisent à l'article 4, donnèrent lieu, dans les chambres, à de grandes discussions. M. le garde des sceaux avait dit que, *mettre en question par un moyen quel-*

---

(1) Continuation de l'Histoire de France de Vély, par Dufau, tome XXX, p. 410.

conque, les droits mentionnés dans cet article, c'était rentrer dans son application ; et M. Courvoisier, dans son rapport à la Chambre des députés, avait déclaré que la commission attachait au texte toute l'*extension du commentaire*, en avouant toutefois, que l'interprétation qu'avait donnée M. le garde des sceaux, ne présentait pas le *véritable sens* d'une *attaque formelle ;* la qualification de *formelle* étant évidemment *restrictive*.

Le rapporteur de la commission à la Chambre des Pairs ne parut pas moins embarrassé que ne l'avait été M. Courvoisier, pour établir que l'attaque *formelle* peut se constituer par une provocation *indirecte :* il ne put même se tirer de cet embarras, qu'en supposant que l'attaque, pour être *formelle*, n'avait besoin que d'avoir été faite *par un des moyens exprimés en l'article premier.*

Mais s'il suffisait que l'attaque eût été faite *par un de ces moyens,* pour lui imprimer le caractère d'attaque *formelle,* la qualification de *formelle* serait devenue, dans l'article, parfaitement inutile ; d'où suit que cette qualification ayant été donnée à l'attaque, il faut lui attacher un sens quelconque, et évidemment un autre que celui de l'attaque *par l'un des moyens énoncés dans l'article premier,* qui se lisent dans l'article 4 avec ceux d'attaque *formelle.*

La qualification de *formelle* qui a été donnée à *l'attaque* dans cet article, suppose clairement qu'une *attaque* peut exister, *sans avoir ce caractère ;* d'où suit que, lorsque l'article 4 a parlé d'*attaque formelle,* il a parlé restrictivement de

ce genre d'attaque et non pas de *l'attaque en général* et sans *modification.*

La justice et la raison commandaient même cette
restriction ; l'auteur de l'attaque, même simplement présumée, devant être puni de peines extrêmement sévères, lors même qu'elle n'aurait produit
aucun effet.

Cependant on peut faire une objection assez sérieuse contre cette interprétation, et la tirer de ce
que la provocation, même *indirecte,* aux délits que
répriment les n°ˢ 1, 2 et 3 de l'art. 5, pourrait être
punie des peines portées en l'article 4, quoiqu'elle
n'eût produit aucun effet ; tandis que des provocations beaucoup plus graves, dans le même cas,
ne seraient pas punissables, lorsqu'elles n'auraient
été qu'*indirectes;* mais il n'en est pas moins vrai,
que les mots *attaque formelle* ne peuvent être
effacés de l'article 4, non plus que du n° 4 de
l'art. 5 qui les reproduisent. Si quelques articles
de la loi se contredisent, il faut les mettre en harmonie par une loi supplémentaire.

L'attaque *formelle* ne peut être que celle qui
va *directement* au but que l'auteur s'est proposé,
sans que l'on soit obligé pour la découvrir, de la
faire résulter d'une *interprétation* toujours plus ou
moins arbitraire et forcée ; et encore moins *d'une
intention présumée,* ce qui serait le comble de la
déraison et de l'injustice. Une proposition *dubitative*
ne pourrait, non plus, être considérée comme une
attaque *formelle.*

M. le garde des sceaux l'a tellement senti,
qu'en même temps qu'il déclarait, que l'attaque

formelle pouvait résulter *d'un moyen quelconque,*
il ajoutait que, l'article 4 devait être entendu ·dans
ce sens : « Que l'autorité doit avoir été *franche-*
» *ment* attaquée, sans que l'on pût faire résulter
» l'attaque de discussions loyales sur les limites du
» pouvoir : que l'attaque même contre l'autorité
» constitutionnelle du Roi, devait avoir été *for-*
» *melle et équivalente* à une *provocation.*»

Nous reviendrons sur cette question dans nos observations sur le n° 4 de l'art. 5.

III. L'attaque *contre l'inviolabilité de la per-*
sonne du Roi et contre l'ordre de successibilité
au trône, se conçoit facilement ; mais celle *contre*
l'autorité constitutionnelle du Roi et des Cham-
bres ne présente pas des idées aussi simples : cependant, il est aisé de voir que l'article 4 ne peut recevoir d'application qu'au cas ou l'attaque a eu
pour objet de mettre empêchement à ce que le
Roi et les Chambres usassent des droits qui leur
sont attribués par la Charte : ainsi, par exemple ,
la Charte confie au Roi et aux Chambres le droit
de faire les lois, par un concours unanime de volonté; leur en contester le *pouvoir,* ce serait attenter
à leur autorité constitutionnelle ; et ce serait de
même attenter à l'autorité constitutionnelle du Roi,
que de contester à Sa Majesté celui de faire *mettre*
à exécution les lois qui seraient émanées des
trois pouvoirs; mais ce ne serait pas attenter à leur
autorité constitutionnelle que de chercher à établir
qu'une loi doit être rapportée, et même que le
gouvernement du Roi n'aurait pas fait exécuter,

les lois dans le sens qu'elles comportent : ce serait au contraire, évidemment reconnaître leur autorité constitutionnelle; car l'on ne peut demander le rapport d'une loi, sans en reconnaître l'existence, et en se plaignant de ce qu'une loi aurait été mal exécutée, ce serait implicitement convenir qu'elle aurait pu l'être, dans ce qu'elle a ordonné. On aurait provoqué à la *désobéissance aux lois,* que cette provocation ne ferait pas rentrer le délit dans la disposition de l'art. 4, mais dans celle de l'art. 6.

IV. Ce ne serait pas une *attaque*, et moins encore une attaque *formelle* contre l'inviolabilité *de la personne du Roi*, que d'établir une discussion *en simple théorie*, sur le point de savoir, si le peuple qui serait appelé à se donner une constitution devrait y stipuler dans ses intérêts, *l'inviolabilité du chef du Gouvernement;* il n'y en aurait pas même une, lorsque l'on éleverait des doutes sur l'inviolabilité des rois, par la seule force du caractère dont ils se trouvent revêtus; car, ce ne serait pas une attaque dirigée contre l'inviolabilité de *la personne de Sa Majesté,* qui est le seul cas prévu dans l'article 4; il n'y aurait là qu'une simple inconvenance, que l'écrivain serait blâmable, sans doute, de s'être permise, puisqu'il n'aurait pu le faire dans aucune vue d'utilité publique.

Ce ne serait pas non plus une *attaque formelle* contre l'ordre de *successibilité* au trône, que de rechercher dans les mémoires du temps, s'il n'y aurait pas été dérogé, et d'en rappeler les exemples assez fréquens; mais il y aurait attaque et même at-

taque formelle, si l'on mettait en question aujour-
d'hui, pour le présent ou pour l'avenir, cet ordre de
successibilité dans la famille régnante, lors même
que l'on ne présenterait que de simples *doutes;* car
il ne doit plus en rester aucun depuis que la Charte
en a fait la loi fondamentale de l'Etat; cependant, on
lisait encore récemment dans un certain journal,
qu'il serait peut-être convenable de déroger à la loi
salique qui établit cet ordre de successibilité, et l'on
n'a vu ni l'éditeur responsable, ni le rédacteur de cet
article vraiment inconcevable, poursuivis devant
les tribunaux; ce qui pourrait donner à penser que
ce vœu quoiqu'aussi énergiquement exprimé, n'aurait pas été regardé comme une attaque *formelle*
contre l'ordre de successibilité au trône; et ce qui
nous semblerait assez étrange.

v. Nous avons dit de quelle manière on peut faire
une attaque contre l'autorité constitutionnelle du
Roi et des Chambres; nous ne pouvons que répéter,
qu'il ne peut être question là que de *l'exercice* de leurs
droits *constitutionnels ;* cependant l'on a prétendu
qu'ouvrir une souscription en faveur d'individus
arrêtés par suite de la loi du 26 mars 1820, c'é-
tait une attaque *formelle* contre *l'autorité constitutionnelle du Roi et des Chambres,* en même
temps qu'elle était une provocation à la désobéissance aux lois; mais ce n'est ni l'un ni l'autre, pris
abstractivement de toute autre considération; c'est-
à-dire, que *l'annonce* d'une souscription de cette
nature, qui est par elle-même un pur acte d'hu-
manité et de bienfaisance, ne peut avoir rien de
répréhensible : c'est ce qui résulte d'un arrêt de la

Cour royale de Lyon, confirmé le dix juin 1820 par
la Cour de cassation, sur le recours de la partie publique; car s'il y avait eu *délit* dans le *fait* de la
proposition de souscrire, ni la Cour royale, ni la
Cour de cassation n'auraient jugé ni pu juger, que
les poursuites commencées n'auraient pas du être
continuées, puisqu'il y aurait eu délit, dans le cas
où la proposition d'une souscription , indépen-
damment de toute autre circonstance, aurait dû
être considérée comme attentatoire à l'autorité
constitutionnelle du Roi et des Chambres, et comme
une provocation à la désobéissance aux lois : ce
genre de délit ne peut dès lors résulter que des
termes dans lesquels la proposition a été faite.
Renferment-ils une provocation à la désobéissance
aux lois, une attaque formelle à l'autorité constitutionnelle du Roi et des Chambres? Il y a lieu à poursuite et à condamnation : et au contraire, les auteurs ne peuvent être ni poursuivis, ni condamnés, si
la proposition ne renferme ni attaque, ni provocation : c'est à cet unique examen que tout se réduit;
la Cour de cassation l'a formellement ainsi jugé, en
déclarant, qu'ayant été reconnu par la Chambre d'accusation, que la *proposition de souscrire* ne renfermait point d'attaque à l'autorité constitutionnelle
du Roi et des Chambres, ni de provocation à la désobéissance aux lois, le renvoi des inculpés n'avait
pas été prononcé, en violation de la loi du 17
mai 1819. La proposition d'une pareille souscription, loin d'être une attaque à l'autorité constitutionnelle du Roi et des Chambres, en est au contraire la reconnaissance la plus expresse; car c'est

bien évidemment se soumettre à la loi, que de proposer un moyen de venir au secours des individus qu'elle peut frapper.

vi. Mais une chose qui doit étonner, c'est que les lois nouvelles n'aient mis au rang des délits punissables, que les attaques contre les *propriétés* et contre la *liberté de conscience*, sans avoir étendu leurs dispositions aux attaques contre la *liberté individuelle* et contre *l'égalité des droits* qui sont assurés par la Charte. Si c'était par *oubli*, il faudrait s'empresser de le réparer; et l'on ne pourrait en donner d'autres motifs; ce serait trop ouvertement manifester l'intention d'attenter, à volonté, *à la liberté individuelle* et à *l'égalité des droits;* et par suite ouvrir la porte aux *délations*, que l'on devrait être bien revenu de vouloir favoriser.

La Charte constitutionnelle est un tout homogène qui ne peut produire d'effets salutaires qu'autant qu'elle protége indistinctement les droits de *tous;* on ne pourrait priver certaines classes de citoyens de son heureuse influence, sans la rendre l'objet d'une méfiance générale, lorsqu'elle ne doit être que celui de l'amour et de la reconnaissance de tous les français pour Sa Majesté, dont elle fut l'ouvrage.

vii. Dans tous les cas, il ne suffirait pas même que l'attaque eût été *formelle*, si elle n'avait pas été rendue *publique*.

ARTICLE V.

Seront réputés provocation au délit et punis des peines portées par l'article 3,

1°. *Tous cris séditieux publiquement proférés, autres que ceux qui rentreraient dans la disposition de l'article* 4;

2°. *L'enlèvement ou la dégradation des signes publics de l'autorité royale, opérés par haine ou mépris de cette autorité;*

3°. *Le port public de tous signes extérieurs de ralliement non autorisés par le Roi ou par des réglemens de police;*

4°. *L'attaque formelle, par l'un des moyens énoncés en l'article* 1ᵉʳ, *des droits garantis par les articles* 5 *et* 9 *de la Charte constitutionnelle.*

1. Après avoir *restreint* par l'article 4, l'application de l'article 2, aux divers cas qu'il mentionne; les articles 5 et 6 déterminent quelles sont les provocations aux *délits* qui peuvent être poursuivies et qui doivent être punies des peines portées en l'article 3.

L'article 5 divise en quatre catégories les provocations qui en sont l'objet : il fait rentrer dans la première, *tous cris séditieux publiquement proférés* qui ne rentrent pas dans la disposition de l'article 4.

En réputant provocation, *les cris séditieux*, sans autrement les qualifier, la loi ouvrirait le plus vaste champ à *l'arbitraire*, s'il suffisait aux tribunaux de déclarer, que le prévenu aurait fait entendre des cris séditieux, sans indiquer *quels furent ces cris;* mais il ne peut en être ainsi, car la loi veut, sous peine de *nullité*, que les jugemens soient *motivés*, c'est-à-dire, que les faits qui déterminent la condamnation y soient *articulés, qualifiés* et *précisés* de manière, qu'aux yeux *de tous,* ils soient de nature à emporter la peine prononcée contre leur auteur. M. Courvoisier, parlant de ce genre de délits, dans la séance de la Chambre des Députés, du 11 mars 1819, dit : qu'il ne s'était propagé que par suite des lois d'exeptions; que la preuve en résultait de ce qu'il avait *disparu* avec ces lois, d'où suivait qu'il fallait les en accuser elles-mêmes ; et toute l'assemblée manifesta son approbation à ce que venait de dire l'honorable député: l'on ne pouvait guère s'attendre, d'après cela, à voir figurer de nouveau, les cris séditieux, dans les nouvelles lois, d'autant que M. Courvoisier avait été mis à même, par ses fonctions de procureur général à la Cour royale de Lyon, de pouvoir en juger avec connaissance de cause.

II. Le n° 2 de l'article 5 répute constitutifs de délits punissables, *l'enlèvement et la dégradation des signes publics de l'autorité royale.*

Ce genre de délits ne peut s'établir que par le concours des trois circonstances suivantes : la première, que les signes enlevés ou dégradés fussent des signes *publics ;* la seconde, qu'ils fussent des signes *de l'autorité royale,* et la troisième, que leur enlèvement ou leur dégradation ait eu lieu *par haine ou mépris de cette autorité.*

Ainsi, le jugement qui prononce la condamnation du prévenu, pour la répression d'un délit de cette nature, ne pourrait être confirmé sur l'appel, ni maintenu sur le recours en cassation, s'il ne mentionnait pas d'une manière claire et précise ces diverses circonstances, à la charge du condamné.

III. Le n° 3 répute provocation punissable, le

port public de tous signes extérieurs de ralliement
non autorisés par le Roi ou par des règlemens de police : ainsi dans ce cas, comme dans celui mentionné
au n° 2 , trois circonstances doivent concourir à la
charge du prévenu, pour que sa condamnation puisse
être légalement prononcée, savoir : que des signes
extérieurs aient été portés ; qu'ils l'aient été *publiquement* et qu'ils ne fussent pas autorisés *par le
Roi ou par des règlemens de police.*

Il serait à désirer qu'il s'exerça, sur ce point, une
plus exacte surveillance ; la tranquillité publique
peut en dépendre : mais malheureusement il n'en
n'est pas ainsi ; car on ne cesse de rencontrer, dans
certains départemens, des porteurs de décorations
de tous les genres, qui ne sont pas autorisées par
le Roi ou par des règlemens de police, et qui ne peuvent être dès-lors que des signes de ralliement.

IV. Le n° 4 met la même condition que l'article 4
à l'attaque des droits garantis par les articles 5 et 9
de la Charte, c'est-à-dire, à ceux relatifs à *la liberté
des cultes* et à *la stabilité des ventes de biens
nationaux.* L'attaque doit avoir été *formelle*
pour devenir une provocation *punissable,* et ce
qui prouve que, nous avons attaché le véritable
sens à la qualification de *formelle,* dans nos observations sur l'article 4, c'est que l'on ne craint
pas de dire et d'imprimer ce qu'il y a de plus contraire à la tolérance religieuse et à la stabilité de
la vente des biens nationaux, sans qu'il soit fait
de poursuites contre les auteurs de semblables discours ou de pareils écrits ; ce qui ne peut provenir
que de ce que l'autorité ne les considère pas

comme des attaques *formelles* ; car si ce ne sont pas des attaques *directes*, on ne leur refusera pas, du moins, le caractère de provocations *indirectes*.

Les deux articles étant conçus dans les mêmes termes, doivent nécessairement recevoir la même application : celle de *formelle* dans l'un, ne peut être *restrictive*, lorsqu'on lui refuserait dans l'autre *le même caractère*.

ARTICLE VI.

La provocation, par l'un des mêmes moyens, à la désobéissance aux lois, sera également punie des peines portées en l'article 3.

Cet article doit être entendu dans le sens qu'il a été proposé : il doit y avoir eu *provocation réelle* à la désobéissance aux lois, et l'on ne peut prendre pour telle, les dissertations qui tendent à établir qu'une loi, quel qu'en soit l'objet, doit être rapportée ; car, ainsi que l'a proclamé M. le garde des sceaux, du haut de la tribune de la Chambre des Députés, *contester la justice et même la convenance d'une loi, en solliciter le changement,* c'est une chose très permise ; il n'y a que la provocation à y désobéir qui puisse être punissable : aussi, dans le procès qui fut intenté à M. le professeur Bavoux, sur la prévention d'avoir indiqué, dans ses leçons, quelques articles du Code pénal qu'il conviendrait de retrancher ou de modifier, le jury déclara-t-il la non culpabilité du prévenu, attendu que M. Bavoux n'avait provoqué directement ni indirectement à y désobéir.

La disposition de l'article 6 n'étant relative qu'à la provocation à la désobéissance *aux lois,* a laissé

la chose dans les termes du droit commun, relativement à la désobéissance *aux jugemens et aux
arrêts.*

ARTICLE VII.

*Il n'est point dérogé aux lois qui punissent
la provocation et la complicité résultant de tous
actes autres que les faits de publication prévus
par la présente loi.*

Nous avons déjà fait observer sur l'article 4,
que les dispositions des articles 2 et 3 ne deve-
naient applicables que dans les cas réputés provocation punissable par les articles 4 et 5 ; et la
preuve en résulterait au besoin, des dispositions de
l'article 7 qui renvoient aux lois qui punissent la provocation et la complicité résultant *de tous autres
actes,* que les faits de publication *prévus par la présente loi.*

Aucun autre fait de provocation que ceux mention-
nes dans la nouvelle loi, ne devient dès-lors punissable, que dans les cas prévus et de la manière
prescrite par le Code pénal et les lois qui en forment le complément.

CHAPITRE II.

DES OUTRAGES A LA MORALE PUBLIQUE ET RELIGIEUSE, OU AUX BONNES MŒURS.

ARTICLE VIII.

*Tout outrage à la morale publique et reli-
gieuse, ou aux bonnes mœurs, par l'un des*

moyens énoncés en l'article 1er*, sera puni d'un*
emprisonnement d'un mois à un an, et d'une
amende de seize francs à cinq cents francs.

1. Le projet de la loi ne parlait que des outrages
faits *à la morale publique et aux bonnes mœurs,*
et il fut même observé, dans la discussion, que les
mots outrages *à la morale publique* étaient nouveaux dans notre législation ; cependant il y fut encore ajouté ceux-ci, *et religieuse :* il avait même été
proposé d'y substituer, *et à la religion ;* mais la
Charte qui protége la liberté des cultes, aurait été
évidemment violée par l'insertion de ces mots dans
la loi ; car cette locution se serait nécessairement
rattachée à la seule religion de l'Etat, tandis que
l'adjonction des mots *et religieuse,* ne présentait
d'autre inconvénient, que d'ajouter à la disposition
du projet de loi, une *inutilité,* la morale publique
comprenant éminemment *la morale religieuse,* qui
n'en est qu'une simple émanation.

Mais devait-on même parler dans la loi, *de morale*
publique ? Une pareille qualification qui ne peut
recevoir *une définition exacte* et qui peut prêter
autant à *l'arbitraire* dans son application, ne
semblait pas devoir y trouver place. La commission de la Chambre des Pairs ne s'en dissimula
pas le danger, quoiqu'elle proposât l'adoption de
l'article ; mais elle s'y détermina par le motif que
l'article ainsi rédigé, *avait l'avantage de ne rien*
conclure, de ne rien désigner, de remettre
seulement entre les mains de la société, une
arme pour la défendre, précisément sur le

point où elle se trouverait blessée ; et ç'aurait été précisément par cette raison, que nous eussions conclu au rejet, si nous avions eu voix en cour; car, en matière *pénale,* surtout, les lois doivent être rédigées d'une manière si claire, qu'il soit impossible de se tromper sur leur volonté, et que les juges n'en soient que les simples applicateurs. Si l'on adoptait, en effet, le principe posé par M. le rapporteur de la commission à la Chambre des Pairs, toute la législation pénale pourrait se réduire à un seul article, qui serait ainsi conçu : « Les » tribunaux condamneront les individus qui seront » traduits devant eux, suivant qu'ils croiront que » la société se sera trouvée plus ou moins offensée, » par le fait dont ces individus seraient prévenus. » Et comme il n'y a personne qui osât en faire la proposition, il faut croire que le Gouvernement reconnaissant enfin le vice de rédaction de l'article 8, s'empressera de le restreindre dans les bornes qu'il doit comporter, en le précisant de manière, à en faire disparaître l'arbitraire: mais en attendant, les tribunaux doivent ne l'appliquer qu'avec la plus grande réserve.

II. Si la qualification de *publique* ne se trouve écrite ni dans l'article 8, ni dans la rubrique du chapitre 2, il ne faut pas en conclure que cette qualification ne doive pas y être suppléée; car cet article 8 ne punit l'outrage, que dans le cas où il aurait eu lieu par l'un des moyens exprimés en l'article 1er, c'est-à-dire *publiquement.*

III. L'outrage *à la morale publique,* prise isolément de la morale *religieuse*, ne peut consister que dans les atteintes portées aux *bonnes mœurs*, délit qui se trouvait déjà prévu et puni par le Code pénal, auquel il eût été peut-être à désirer que l'on s'en fût rapporté, sans rien innover à ce sujet.

Quant à la morale *religieuse* proprement dite, nous nous contenterons de rappeler quelques passages des discours qui furent prononcés par deux nobles pairs, dans la discussion du projet de loi : «Ce n'est pas, disait un des orateurs, attaquer la » morale publique et religieuse, que d'user des » droits qu'a tout homme qui professe une reli- » gion, de réprouver les dogmes de ceux qui en » professent une autre; de les frapper des anathèmes » de sa propre croyance: lui interdire d'exprimer » son opinion sur la religion qui n'est pas la sienne, » serait violer la liberté qui lui est garantie par la » Charte. » Mais ajoutait un autre pair, « la ga- » rantie des cultes n'est pas le mépris des cultes : » ce ne peut pas être impunément que les rites » d'une religion, que les objets de la vénération des » cultes, seraient tournés en ridicule : ce n'est pas » moins un outrage que la loi doit punir, soit que » l'insulte vienne du zélateur du culte outragé, soit » qu'elle vînt du contempteur de ce culte ». Voilà toute la théorie en cette matière.

CHAPITRE III.

DES OFFENSES PUBLIQUES ENVERS LA PERSONNE DU ROI.

ARTICLE IX.

Quiconque, par l'un des moyens énoncés en l'article 1ᵉʳ de la présente loi, se sera rendu coupable d'offensés envers la personne du Roi, sera puni d'un emprisonnement qui ne pourra être de moins de six mois, ni excéder cinq années, et d'une amende qui ne pourra être au-dessous de cinq cents francs, ni excéder dix mille francs.

Le coupable pourra, en outre, être interdit de tout ou partie des droits mentionnés en l'article 42 du Code pénal, pendant un temps égal à celui de l'emprisonnement auquel il aura été condamné: ce temps courra à compter du jour où le coupable aura subi sa peine.

I. Pour que les dispositions de cet article deviennent applicables, il faut que l'offense ait été *publique;* qu'elle l'ait été *par l'un des moyens exprimés en l'article* 1ᵉʳ *;* et qu'elle l'ait été envers *la personne même du Roi.*

Ce ne serait pas offenser *la personne du Roi,* que de critiquer les actes *de son gouvernement,* les ministres du Roi en étant *seuls* déclarés *responsables,* par la Charte, qui proclame *l'inviolabilité* de la personne du Roi.

II. Ce que l'article 9 qualifie *d'offense* est ce que les autres articles de la loi qualifient *d'outrage,* de *diffamation* ou *d'injure*, dans leurs rapports avec les agens du Gouvernement et les simples particuliers ; et nous convenons avec M. le rapporteur de la commission de la Chambre des Pairs, que c'est une heureuse fiction ; mais cette expression que l'usage avait consacré, jusqu'à ce jour, à la seule divinité, nous aurait paru devoir être exclusivement réservée au Roi ; les personnes mêmes les plus élevées en dignité, n'étant que ses premiers sujets : la fiction aurait eu beaucoup plus de prix si l'on ne l'avait rattachée qu'à la seule personne du Roi.

III. L'*offense* faite au Roi est, sans doute, un fait extrêmement grave et qui doit être sévèrement réprimé, lorsque ce n'est pas l'acte d'un *fou* à envoyer à Charenton : mais *cinq années* d'emprisonnement, *dix mille francs* d'amende et la privation. *des droits civils!!*

IV. La privation *des droits civils* est purement *facultative;* mais la condamnation *à l'emprisonnement et à l'amende* est de rigueur.

Cependant le tribunal qui est chargé de prononcer sur ce genre de délit, pourrait n'appliquer que des peines *de simple police,* aux termes de l'article 463 du Code pénal ; car aucun article des nouvelles lois n'y a dérogé, et la preuve qu'il n'a pas été dans l'intention du législateur d'y déroger, c'est que la loi du 9 novembre 1815, que l'article 26 de celle du 17 mai 1819 a déclaré être abrogée, n'a pas été reproduite dans sa disposition par laquelle, elle déclarait inapplicable, aux délits qu'elle réprimait, cet article 463.

Nous eussions dû peut-être placer ailleurs cette observation, n'étant pas à présumer que jamais l'article 463 soit appliqué au cas exprimé dans l'article 9 ; mais nous avons cru devoir profiter de sa première occasion qui se présentait, pour rappeler que ledit article a recouvré toute sa force, par l'abrogation de la loi du 9 novembre 1815. La proposition du rapport de l'article 11 de cette loi, qui déclarait inapplicable aux délits de provocation , cet article 463, avait même été faite à la Chambre des Députés par M. Cassaignoles, dès le 5 janvier 1818, et sa proposition avait été prise en considération; d'où suit que, si l'article 11 de la loi du 9 novembre n'a pas été reproduit dans la loi nouvelle, ce n'a été qu'avec grande connaissance de cause : cependant, voyez dans nos observations sur l'article 18, un arrêt rendu sur la question, par la Cour de cassation, le 15 avril 1820.

CHAPITRE IV.

DES OFFENSES PUBLIQUES ENVERS LES MEMBRES DE LA FAMILLE ROYALE, LES CHAMBRES, LES SOUVERAINS ET LES CHEFS DES GOUVERNEMENS ÉTRANGERS.

ARTICLE X.

L'offense, par l'un des moyens énoncés en l'article 1er, envers les membres de la famille royale, sera punie d'un emprisonnement d'un mois à trois ans, et d'une amende de cent francs à cinq mille francs.

La disposition de cet article ne diffère de celle de l'article 9, que quant à la *qualité* des personnes et que quant à la *gravité* des peines; ainsi, toutes les observations que nous avons faites sur l'article précédent s'appliquent naturellement à l'article 10.

Mais comment entendre ces mots : *envers les membres de la famille royale?* Ne doivent-ils recevoir leur application qu'aux seuls princes *de la branche régnante?* La généralité des termes dans lesquels l'article est conçu, porte à croire, qu'il embrasse toutes les personnes qui tiennent, *par les liens du sang,* à la famille royale.

ARTICLE XI.

L'offense, par l'un des mêmes moyens, envers les Chambres ou l'une d'elles, sera punie d'un emprisonnement d'un mois à trois ans, et d'une amende de cent francs à cinq mille francs.

1. *C'est aux Chambres ou à l'une d'elles* que l'offense doit avoir été faite, pour que le délit rentre dans l'application de l'article 11 : les membres des Chambres ne sont, dans leur isolement, que de simples particuliers. Cependant, si l'offense leur avait été faite, comme *membres de la Chambre,* et dans l'intention manifeste d'injurier la Chambre elle-même, ou une section de la Chambre, dans la personne de quelques-uns de ses membres, l'article 11 deviendrait naturellement et même nécessairement applicable; il le deviendrait également, si l'offense avait été faite à quelques-uns des mem-

bres de l'une ou de l'autre Chambre, en cette qualité, soit en allant, soit en revenant du lieu des séances.

II. Les rapporteurs des commissions, dans l'embarras de préciser ce qui peut constituer l'offense envers les Chambres, se bornèrent à dire, qu'il y aurait offense, dans le sens de la loi, si elles se trouvaient en butte aux outrages, aviliés par des insultes, présentées au peuple comme les ennemies de sa prospérité; mais ce ne sont là que des abstractions : si les Chambres mettaient le trône et la liberté publique en danger, faudrait-il attendre que le mal fût consommé pour élever la voix et conjurer l'orage qui serait prêt d'éclater? Ne serait-ce pas alors les Chambres elles-mêmes qui se seraient rendues coupables d'offense envers la nation et le Roi? Et que faudrait-il résoudre, si c'étaient des membres de la Chambre eux-mêmes, qui se rendissent coupables d'offense envers leurs collègues, en les accusant d'être les artisans des troubles?

III. Ce ne serait certainement pas offenser les Chambres, que de leur reprocher d'avoir violé la Charte, si elles l'avaient réellement violée et d'user envers elles de tous les moyens de persuasion, pour les engager à revenir sur leur première détermination.

Il ne peut y avoir *offense* que lorsqu'il y a *diffamation* ou *injure*, et il n'y a diffamation ni injure envers les *autorités constituées*, lorsque le fait dont on prétend la faire résulter est patent, que l'imputation se trouve être l'expression *de la vérité*, et que la preuve peut en être mise sous les yeux des magistrats.

IV. Il s'est évidemment glissé dans la loi une lacune qu'il importe de réparer : comment concevoir, en effet, que réprimant, avec l'attention la plus minutieuse, l'offense, l'outrage, la diffamation et l'injure, envers les plus petits particuliers comme envers les personnes les plus augustes, le législateur ne se soit pas occupé des offenses qui pourraient être faites à la nation prise collectivement? Peut-on donc l'offenser impunément? Et tandis que les mandataires du peuple sont mis sous la sauve-garde de la loi, la nation sera-t-elle seule exposée aux injures, aux outrages et aux diffamations? La nation est au – dessus, sans doute, des outrages de quelques écrivains obscurs; mais le Roi ne l'est-il pas également? Pourquoi donc *la nation seule,* de laquelle tout émane, serait-elle exposée aux offenses des malintentionnés, sans que la loi vînt reprimer leur audace?

ARTICLE XII.

L'offense, par l'un des mêmes moyens, envers la personne des souverains ou envers celle des chefs des gouvernemens étrangers, sera punie d'un emprisonnement d'un mois à trois ans, et d'une amende de cent francs à cinq mille francs.

L'article 12 est restrictif à *la personne* des souverains et des chefs des gouvernemens étrangers; d'où suit que, l'on peut critiquer leurs actes et même la forme de leur gouvernement, sans se rendre coupable du délit prévu par cet article.

Ce ne serait pas même une offense faite à leur personne, dans le sens de l'article 12, que celle qui pourrait l'être à leur ambassadeur, ou autres membres du corps diplomatique, l'article 17 ayant disposé, pour ce cas, d'une manière spéciale.

CHAPITRE V.

DE LA DIFFAMATION ET DE L'INJURE PUBLIQUES.

ARTICLE XIII.

Toute allégation ou imputation d'un fait qui porte atteinte à l'honneur ou à la considération de la personne ou du corps auquel le fait est imputé, est une diffamation.

Toute expression outrageante, terme de mépris ou invective, qui ne renferme l'imputation d'aucun fait, est une injure.

1. L'article 26 ayant abrogé toutes les dispositions du Code pénal relatives à la *calomnie*, ce code ne peut plus être pris aujourd'hui en considération; c'est comme s'il n'avait jamais eu la force de loi.

La *calomnie* dont le Code pénal avait si étrangement dénaturé le véritable caractère, ne sera plus dorénavant qu'une *diffamation*, et telle qu'elle est définie par la loi du 17 mai, elle se constitue par l'imputation ou l'allégation de tout fait injurieux, fût-il même vrai, lorsque la preuve n'en est pas recevable.

11. Le Code pénal définissait la *calomnie*, l'*imputation* d'un fait qui, s'il existait, exposerait celui contre lequel il aurait été articulé, à des poursuites criminelles ou correctionnelles, ou même, qui l'exposerait *au mépris ou a la haine des citoyens*.

Aux termes de la nouvelle loi, la *diffamation* peut résulter, non-seulement de l'*imputation*, mais même de la simple *allégation* d'un fait qui porterait atteinte *à l'honneur ou à la considération de la personne* qui en serait l'objet; de sorte que, l'on n'aurait fait que *répéter l'inculpation*, que l'on devrait être condamné comme *diffamateur*, à l'instar de celui qui en aurait fait l'*imputation*.

La substitution faite des mots, *à l'honneur et à la considération*, à ceux-ci : *au mépris ou à la haine des citoyens*, qui se lisaient dans le Code pénal, laisse aux tribunaux la même latitude qu'ils avaient déjà sous l'empire de ce Code ; et peut-être même une plus grande encore; car on peut bien concevoir jusqu'à un certain point, ce qui peut exciter *la haine ou le mépris des citoyens*, tandis qu'il n'est pas possible de se faire une idée juste de ce qui peut réellement porter atteinte à la *considération* des personnes.

Les lois ne devraient jamais se servir de ces locutions vagues qui peuvent prêter d'aussi perfides armes à l'arbitraire. Il nous semble que l'on aurait dû se borner à dire, comme l'avait fait l'article 367 du Code pénal, dans sa première disposition, que la diffamation pourrait résulter de l'imputation de faits qui, s'ils existaient, exposeraient celui contre lequel ils seraient articulés, à des *poursuites criminelles* ou *correctionnelles* : rien alors n'eût été abandonné à l'*arbitraire*, et c'est à quoi doit tendre essentiellement la législation ; car l'arbitraire dans les jugemens ne laisse pas de sécurité, même aux meilleurs citoyens.

III. Le Code pénal ne supposait pas que les *corps* pussent être diffamés ; tandis que la loi du 17 mai, non-seulement le suppose, mais qu'elle le déclare même expressément : lequel des systèmes est le meilleur ? Nous eussions voté pour celui du Code pénal ; un corps doit s'élever au-dessus de toutes les petites considérations d'amour propre : c'est en remplissant ses devoirs avec exactitude, en rendant justice à qui elle est due, sans acception des personnes, que les corps acquièrent et conservent l'estime de leurs concitoyens, estime que ne leur rendrait pas une réhabilitation, si leur conduite n'avait pas été irréprochable.

IV. Après avoir défini la *diffamation*, l'article 13 donne la définition de l'injure : il y a simple injure et non pas diffamation, lorsque l'expression outrageante, terme de mépris ou invective, *ne renferme l'imputation d'aucun fait.* D'où suit que, l'imputation même d'un vice déterminé ne changerait pas le caractère de la prévention ; il n'y aurait encore qu'*injure ;* mais l'injure, en pareil cas, n'en devrait pas moins être punie de peines *correctionnelles*, si elle avait été rendue *publique.*

V. Le chapitre 5 qui traite de la diffamation et de l'injure, porte pour intitulé : *de la diffamation et de l'injure publiques;* et l'article 14 ne déclare punissables que la diffamation et l'injure qui ont été commises *par l'un des moyens énoncés en l'article* 1er, qui suppose nécessairement la *publicité;* d'où il résulte, qu'il ne peut y avoir diffamation réelle et *punissable,* qu'alors que l'allégation ou l'imputation a été rendue *publique.*

ARTICLE XIV.

La diffamation et l'injure commises par l'un des moyens énoncés en l'article 1er *de la présente loi, seront punies d'après les distinctions suivantes.*

Cet article ne déclare applicables les peines prononcées par la présente loi, qu'au cas où la diffamation et l'injure ont eu lieu par l'un des moyens énoncés en l'article 1er, ce qui est *restrictif* à ce seul cas et ce qui ne pourrait être étendu à d'autres par *induction.*

ARTICLE XV.

La diffamation ou l'injure envers les cours, tribunaux ou autres corps constitués, sera punie d'un emprisonnement de quinze jours à deux ans, et d'une amende de cinquante francs à quatre mille francs.

1. Ce n'est pas seulement de la *diffamation,* mais aussi de *l'injure* que parle l'article 15, et il diffère essentiellement en cela, des trois articles suivans, qui parlent restrictivement de la *diffa-*

mation, en se référant, quant à *l'injure*, aux dispositions des. articles 19 et 20.

Ainsi, les cours, les tribunaux et les autres corps
constitués n'auraient été qu'*injuriés*, que le prévenu pourrait être condamné à un emprisonnement
de *deux ans* et à une amende de 4000 *francs*,
comme s'il s'était rendu coupable de *diffamation*.
Cela est-il bien dans les règles d'une exacte justice?
On dirait vainement que les tribunaux n'useront
pas de ce droit ; il suffit qu'ils soient autorisés d'en
user, pour que la possibilité dût leur en être
ôtée ; et rien n'eût été plus facile que d'établir une
différence dans les peines applicables à chacun des
cas de *diffamation* et *d'injure*.

II. L'article 15 ne prend pas en considération
le nombre des magistrats, dont les cours et tribunaux se trouvent composés; mais il ne leur assimile
que *les corps constitués*, et non pas *les autorités
constituées ;* ce qui doit être remarqué, car *une
autorité constituée* peut n'être composée que *d'un
seul* individu, tandis qu'un *corps* suppose nécessairement la réunion de plusieurs membres.

ARTICLE XVI.

*La diffamation envers tout dépositaire ou agent
de l'autorité publique, pour des faits relatifs à ses fonctions, sera punie d'un emprisonnement de huit jours à dix-huit mois, et d'une
amende de cinquante francs à trois mille francs.*

*L'emprisonnement et l'amende pourront, dans
ce cas, être infligés cumulativement ou sépare-
ment, selon les circonstances.*

1. Nous avons déjà fait observer sur l'article précédent, que l'article 16 n'a pour objet que la seule *diffamation*, ce qui le distingue essentiellement de l'article 15; d'où suit que, s'il n'y avait eu qu'*injure*, eût-elle été *publique* et eût-elle même porté sur *un vice déterminé*, cet article ne serait pas applicable.

Une autre différence qui existe, entre les dispositions des articles 15 et 16 et qui est inhérente à la nature des choses, c'est que l'article 16 ne peut recevoir d'application qu'au cas où le dépositaire ou l'agent de l'autorité publique a été diffamé, *pour des faits relatifs à ses fonctions*, tandis que l'article 15 s'applique indistinctement *à tous les cas* de diffamation.

Il en existe une troisième encore, tirée de la disposition de la loi du 26 mai, qui autorise les poursuites *d'office*, sur la simple *réquisition* des cours et tribunaux; tandis qu'il ne peut en être fait que sur une *plainte* de la part des dépositaires ou agens de l'autorité publique.

Mais de ce que les dépositaires ou agens de l'autorité publique n'auraient pas été diffamés, *pour des faits relatifs à leurs fonctions*, l'on ne pourrait en conclure qu'ils fussent non recevables à rendre plainte contre les individus qui les auraient diffamés: si dans ce cas, l'article 16 ne devenait pas applicable, les poursuites se trouveraient autorisées par les dispositions de l'article 18.

II. Le 17 mars 1820, la Cour de cassation eut à se prononcer sur la question de savoir, si les articles 16 et 19 de la présente loi', ont dérogé aux dispositions de l'article 222 du Code pénal, qui punit des mêmes peines, les outrages faits aux fonctionnaires publics, *dans l'exercice de leurs fonctions*, que celles qui peuvent leur être faits, *à raison de cet exercice ;* et la Cour jugea, que les articles 16 et 19 ne disposaient qu'à l'égard des outrages faits aux agens de l'autorité publique, *à l'occasion de l'exercice de leurs fonctions ;* l'article 222 du Code pénal, ayant conservé toute son autorité, dans ses rapports avec les outrages faits aux fonctionnaires publics, *dans cet exercice :* cet arrêt se trouve rapporté dans le recueil de Laporte, an 1820, page 216.

ARTICLE XVII.

La diffamation envers les ambassadeurs, ministres plénipotentiaires, envoyés, chargés d'affaires ou autres agens diplomatiques accrédités près du Roi, sera punie d'un emprisonnement de huit jours à dix-huit mois, et d'une amende de cinquante francs à trois mille francs, ou de l'une de ces deux peines seulement, selon les circonstances.

1. Il n'est question, non plus dans cet article, que de *diffamation :* le cas *d'injure* rentre dans les dispositions du droit commun ; et ce n'est de même que sur la *plainte* des ambassadeurs, ministres plénipotentiaires, envoyés, chargés d'affaires, ou autres agens diplomatiques accrédités près du Roi, qu'il peut en être fait des poursuites d'office.

Mais il n'est pas nécessaire que l'allégation où l'imputation ait été *relative à leurs fonctions;* il suffit qu'il y ait eu diffamation.

II. Ce serait tirer une fausse conséquence des dispositions de l'article 17, que de vouloir en induire que, les agens diplomatiques pourraient impunément troubler l'ordre public par des manœuvres, sans qu'il fût permis aux citoyens qui en auraient acquis la connaissance, de les dévoiler. Le rapporteur de la commission de la Chambre des Députés en fit l'observation, en ajoutant seulement, que l'écrivain qui les aurait dénoncées, serait tenu, pour éviter sa condamnation, d'en rapporter la preuve; ce qui serait interdire par le fait, toute révélation de ce genre : les agens diplomatiques sont, en effet, trop rusés, pour fournir des preuves à l'appui de semblables dénonciations. Le droit des gens doit, sans doute, être respecté ; mais le salut public est la loi suprême des états, et dans beaucoup de cas, il peut être utile, pour la chose publique, de faire certaines révélations, lors même qu'elles ne pourraient être justifiées par aucune preuve légale; d'où suit, dans notre opinion, que l'article 17 n'aurait pas dû trouver place dans la loi ; cependant, et tant qu'il n'aura pas été rapporté ou modifié, il sera prudent de se borner à faire part au Gouvernement, des connaissances que l'on pourrait avoir acquises des manœuvres pratiquées par les agens diplomatiques ; et de le mettre sur la voie, par ce moyen, d'en empêcher la réussite.

III. L'article 17 ne parle que des agens diplomatiques *accrédités près du Roi :* ceúx que sa Majeśté accrédite près les puissances étrangères rentrent de droit, dans la disposition de l'article 16 : ce ne sont que de simples agens de l'autorité publique.

ARTICLE XVIII.

La diffamatıon envers les particuliers sera punie d'un emprisônnement de cinq jours à un an, et d'une amende de vingt-cinq francs à deux mille francs, ou de l'une de ces deux peines seulement, selon les circonstances.

I. Cet article, comme les deux précédens, ne s'occupe que de *diffamation ;* il a pour objet celle qui peut être dirigée contre les *particuliers ;* mais sous cette qualification de *particuliers,* viennent se confondre toutes les personnes qui ne se trouvent pas comprises dans les dispositions des articles 15, 16 et 17.

II. Il ne peut être fait de poursuites d'office de la diffamation exercée envers les particuliers, que sur la *plainte* de l'individu qui prétend avoir été diffamé ; mais suffit-il qu'il y ait eu *plainte portée,* pour mettre la partie publique dans l'obligation de faire des poursuites d'office ? Et lors même qu'il en aurait *commencé* sur la plainte, le *désistement* qu'en donnerait la partie plaignante, permettrait-il de les continuer ? Nous renvoyons l'examen de la première de ces questions, aux observations que nous aurons à faire sur la loi du 26 mai.

Quant à la seconde, elle peut trouver ici sa place. Si l'on n'avait à consulter, pour la résoudre, que la disposition de l'art. 4 du Code d'instruction criminelle, il faudrait dire que, le *désistement* de la plainte ne pourrait mettre obstacle à ce que les poursuites commencées fussent continuées; cet article portant, que la *renonciation à l'action civile ne peut arrêter ni suspendre l'exercice de l'action publique;* mais cette disposition du code ne peut recevoir d'application à l'espèce particulière, où les poursuites d'office ne demeurent *autorisées* que sur la *plainte* de l'individu qui prétend avoir été lésé; ce qui établit une différence remarquable entre ce qui doit se pratiquer aujourd'hui et ce qui se pratiquait à cet égard sous l'empire du Code d'instruction criminelle, qui autorisait dans ce cas, comme dans tous les autres, les poursuites d'office. La partie civile n'était alors que partie *jointe* à l'officier du ministère public, qui tenait tous ses droits de la loi; tandis que, d'après le nouveau mode de procéder, en matière de diffamation et d'injure, il ne les tient que, *de la volonté de l'homme;* et une plainte dont il y a désistement, n'en a plus le caractère; ce n'est plus rien aux yeux de la loi; on ne peut dès-lors lui faire produire aucun effet. Supposer qu'il pourrait être donné suite à la plainte, au cas de désistement, ce serait moins punir le prévenu que le plaignant lui-même, qui peut avoir un très grand intérêt à ce que la diffamation dirigée contre lui, n'acquière pas une plus grande publicité, que celle qu'elle a déjà reçue : mais alors les frais faits sur la plainte, doivent rester à la charge du plaignant; car il ne serait pas juste de les faire supporter par le trésor public.

ɪɪɪ. Une autre question qui paraît présenter plus
de difficulté, consiste à savoir, si des poursuites,
pour cause de diffamation ou d'injure, ne peuvent
être faites que sur la *plainte* de celui qui prétend
avoir été diffamé.

Ce qui peut rendre cette question problématique,
c'est la disposition de l'article 5 de la loi du 26 mai,
ui porte que, les poursuites d'office n'auront lieu que,
ur la plainte de la partie qui se croira LÉSÉE;
ais si le législateur avait voulu qu'il ne pût être
ait de poursuites que sur la plainte *de la personne
ême* qui croirait avoir été *diffamée* ou *injuriée,*
e s'en serait-il pas clairement expliqué, au lieu de
e borner à parler, *de la personne qui prétend
voir été lésée ?* On peut éprouver, en effet,
ne lésion, aussi bien dans *la personne de ses
roches* que dans *sa propre personne;* et nous
ncluerons de là, d'abord, que la plainte est *rece-
able* toutes les fois qu'elle émane d'une personne
ui peut se prétendre lésée, soit *directement,* soit
ndirectement, par la *diffamation* ou l'*injure,*
ont elle poursuit la réparation; et ce point tenu
our constant, l'on sera bien forcé de convenir
u'un père, un mari, un maître, peut rendre
lainte de la diffamation exercée envers *son fils,*
nvers *sa femme,* envers *ses domestiques;* car on
e peut diffamer les uns ni les autres, sans lui faire
prouver une lésion quelconque, comme père,
omme mari ou comme maître.

ɪᴠ. Mais lorsque la personne qui a été diffamée
u injuriée, ne l'a été que dans sa *mémoire,* le

père, le fils, le mari, la femme de la personne dont la *mémoire* a été diffamée ou injuriée, seraient-ils *recevables* à en rendre plainte et à en poursuivre la réparation? La question s'est présentée dans l'affaire de Mme la maréchale Brune, contre le sieur Martinville, éditeur du journal, *le Drapeau Blanc:* le prévenu ne déniait pas avoir diffamé la mémoire du maréchal; il ne cherchait pas même à s'en excuser; il se retranchait uniquement dans la fin de non-recevoir qu'il faisait résulter, de ce que, ce n'était que la *mémoire* du maréchal qu'il avait injuriée.

La Chambre d'accusation de la Cour royale de Paris rejeta cette fin de non-recevoir, *formâ ne-gandi,* en renvoyant le prévenu devant la Cour d'assises.

Le sieur Martinville reproduisit, devant cette Cour, la même fin de non-recevoir; il demanda en conséquence, que les débats ne fussent pas ouverts sur la plainte; mais la Cour ne s'arrêta pas plus à cet incident que ne l'avait fait la Chambre d'accusation; et des débats qui s'ouvrirent, il résulta clairement que, la *mémoire* du maréchal avait été *diffamée,* de la manière la plus odieuse; cependant, le jury déclara le sieur Martinville *non coupable;* ce qu'il ne put faire, qu'en s'arrêtant à la fin de non-recevoir, et en jugeant par suite, qu'il peut être permis de diffamer la *mémoire* des hommes, sans se rendre coupable aux yeux de la loi.

Ainsi, le jury s'est mis en opposition formelle avec les tribunaux, sur la manière d'entendre et d'appliquer l'article 5 de la loi du 26 mai; ce qui

semble exiger que la puissance législative en donne
la juste interprétation ; car, dans une matière de
cette importance, il ne doit pas rester de divergence
dans les opinions : dans la nôtre, la Cour royale
nous paraît s'être mieux conformée que ne l'a fait le
jury, non-seulement au vœu de la loi, mais encore
aux principes innés de *la raison*, de *la justice* et
de *la morale publique:* à la loi ; nous croyons l'avoir
suffisamment établi, en rappelant les termes de
l'article cité, qui parle *en général* de la personne
qui se prétend *lésée ;* et à la raison, à la justice et
à la morale publique, en mettant un frein aux malintentionnés, qui se permettent de diffamer la mémoire des hommes, dans un pur esprit d'injures.

Mme la maréchale Brune se fondait principalement, pour faire rejeter la fin de non recevoir qui
lui était opposée, sur les dispositions de l'art. 727
du Code civil, qui déclare indigne de succéder, l'héritier qui ne dénonce pas à la justice le *meurtre* du
défunt ; elle en tirait un argument par analogie, en
ce que la *calomnie* est au *moral*, l'équivalent de
l'*assassinat ;* et, comme elle était héritière de son
mari, elle en concluait que, non-seulement, elle avait
pu poursuivre le diffamateur de sa mémoire, mais
que la loi lui en avait même imposé le devoir.

Le sieur Martinville répondait, qu'en matière pénale, on ne pouvait raisonner par analogie ; et il en
tirait la conséquence, que l'article cité du Code
civil devenait sans application ; mais c'était éluder
la question au lieu d'y répondre ; car ce n'était pas
de l'application d'une loi pénale qu'il s'agissait ; il

était uniquement question de savoir, si la loi vou‑
lant que, l'héritier poursuivît le *meurtre* de son bien‑
faiteur, ne lui imposait pas nécessairement, par
suite, l'obligation de poursuivre la réparation des
atteintes qui pourraient être portées à sa mémoire.

Mme la maréchale ne se trouvait pas réduite, au
surplus, à tirer argument de l'article 727 du Code,
pour faire rejeter la fin de non recevoir invoquée
par le sieur Martinville; elle en avait de bien plus
redoutables à lui opposer, résultant de sa qualité
d'*épouse* et même de sa simple qualité d'*héritière ,*
abstraction faite des dispositions dudit article ; car
d'abord, l'héritier représente le défunt, *in univer‑*
sum jus, et il peut, en cette qualité, exercer toutes
les actions qui auraient appartenu à la personne à
laquelle il a succédé : d'autre part, l'épouse suit la
condition de son mari, *vivant* ou *mort,* tant pour
la qualité que pour le rang et les honneurs, *uxor*
radiis maritalibus coruscat. — *Loi* 21, *Cod. de*
Donat. inter vir. et uxor.; d'où suit que la diffama‑
tion contre la *mémoire* du mari rejaillit nécessaire‑
ment sur l'épouse; qu'on ne peut le *diffamer* sans
que la diffamation ne l'atteigne elle-même; et par
une conséquence forcée, qu'elle est autorisée à en
poursuivre la réparation, *dans son propre interêt,*
puisqu'elle se trouve personnellement lésée.

Ce n'est pas éterniser ce genre d'action, qui ne
peut passer de la veuve à ses héritiers; de sorte
que l'objection que l'on pourrait tirer contre l'exer‑
cice d'une pareille action, à la requête des héritiers,
devient évidemment sans force, relativement à la
veuve.

Mais, dit-on, la vie des hommes appartient a l'*Histoire*, et pour l'instruction des races à venir, il doit être permis d'en publier les particularités et les résultats. La vie *privée* des hommes est le patrimoine de leur famille ; et s'il pouvait être permis à l'historien de s'en occuper, ce ne serait qu'autant qu'il pourrait y puiser de bons exemples à faire fructifier, et non pas pour en faire la satire, sans qu'il pût en résulter aucun avantage pour la société (1). Il ne peut pas être plus permis d'être méchant envers les morts qu'envers les vivans, pour le simple plaisir de l'être, et de jeter ainsi de la défaveur sur une famille honorable. Prétendre le contraire, ce serait afficher l'immoralité la plus révoltante.

La vie *publique* des hommes peut bien, sans doute, devenir historique ; mais à l'instant qu'ils cessent de vivre, elle ne l'est pas plus encore, que n'est historique, dans les annales de la noblesse, le nom de celui qui vient seulement d'être annobli : les faits et gestes de l'homme public n'appartiennent à l'Histoire, que, lorsque les passions n'étant plus en jeu, ils peuvent être jugés avec impartialité : mais fût-il vrai que la vie publique des hommes appartînt à l'Histoire, dès l'instant même qu'ils rendent le dernier

_____

(1) Ces réflexions ne sont pas nouvelles ; il y a plus de 80 ans qu'un philosophe de la bonne école disait : « Je voudrais que l'on » jetât à la mer les historiens qui nous retracent les vices : à quoi » servent ces registres de crimes et d'horreurs ? La fraude et le » poison coûteront-ils beaucoup, quand on lira qu'Alexandre VI, » s'est soutenu sur la chaire de saint Pierre par la fourberie, » qu'il a empoisonné ses ennemis ? »

soupir, on ne pourrait toujours approuver que l'historien en abusât au point de calomnier impunément
leur mémoire ; et ce serait l'approuver, l'autoriser
même en quelque sorte, que d'interdire toutes poursuites à raison d'un pareil scandale.

v. Examinons actuellement la question sous le
rapport des *enfans*, et voyons s'ils ne doivent pas
être autorisés comme les *veuves*, à demander réparation de la diffamation exercée contre la mémoire
de leur père.

On ne peut porter atteinte à l'honneur *du père*,
nuire à la considération dont il jouissait, sans porter
en même temps atteinte à l'honneur et nuire à la
considération *de ses enfans*. C'est la nature elle-
même qui a établi cette solidarité d'honneur et de
considération entre eux : cette solidarité ne pourrait être méconnue sans briser tous les liens de la
société : un *père* ne meurt jamais *tout entier* pour
ses enfans ; son souvenir reste *à jamais* gravé dans
leur cœur : ce n'est pas simplement sa *mémoire*
qui est diffamée , *dans ses rapports avec eux* ;
c'est un père *toujours existant* pour eux , *dans la
piété filiale.*

Si la justice était impuissante pour réprimer
l'audace du diffamateur, lorsque la diffamation ne
porterait que sur la *mémoire* du père, elle autoriserait par suite, *la vengeance personnelle ;* car un
fils ne pourrait laisser diffamer la mémoire de son
père et n'en pas tirer une vengeance éclatante, sans
se déshonorer lui-même : ce serait dès-lors le *duel*
mis nécessairement en action , lorsque l'on doit tout

tenter, au contraire, pour en tarir la source ; il pourrait même en résulter pis encore, car si le diffamateur n'acceptait pas le défi, il ne resterait plus
d'autre ressource au fils, dont la mémoire du père
aurait été outragée, que d'employer des moyens
encore plus justement condamnés par la loi, pour obtenir la justice, qui lui aurait été refusée par les
tribunaux.

Lorsque les lois prononcent des peines sévères,
contre ceux qui se permettent de violer la paix des
tombeaux, comment pourrait-on supposer qu'il eût
été dans l'intention du législateur de n'en prononcer aucune, contre ceux qui s'avilissent au point de
diffamer la mémoire des morts? Ce serait supposer
dans la législation une inconséquence que rien ne
pourrait justifier ; ce serait lui prêter autant d'absurdité que d'immoralité. Si la *diffamation*, en elle-
même, est un *délit*, elle ne peut cesser de l'être,
parce que la personne qui en a été l'objet, n'existe
plus : pour qu'elle pût cesser, dans ce cas, d'en avoir
le caractère, il faudrait que la loi en eût renfermé
une disposition formelle ; car l'article 13 a établi,
comme règle générale, que *toute allégation ou imputation qui porte atteinte à l'honneur ou à la
considération de la personne à laquelle le fait est
imputé*, est un délit ; et lorsque la loi ne distingue
pas, aucune distinction ne peut être admise.

La seule objection spécieuse que l'on puisse faire,
contre ce système, c'est qu'en admettant, que la diffamation contre la mémoire des hommes constitue
un délit *punissable*, ce serait éterniser ce genre d'actions ; attendu que si l'on accordait le droit au *fils* de

poursuivre en justice le diffamateur de la mémoire
de son père, on ne pourrait le refuser au *petit-fils*, à
l'arrière petit-fils et jusqu'à l'infini : mais d'abord,
quel grand mal y aurait-il à cela ? Pourquoi serait-il
plus permis de diffamer *l'aïeul, le bisaïeul* que le
père ? Pourquoi dans un cas, quel qu'il soit, pourrait-il être permis de *diffamer* la *mémoire* des
hommes ? Quel but utile, quel but même raisonnable pourrait-on s'en promettre ? Si c'est la mémoire d'un simple *particulier* qui a été diffamée,
elle n'a pu l'être que dans une intention perfide :
car l'Histoire ne peut en recueillir aucun fruit :
si c'est celle d'un *agent du gouvernement,* comme
la conduite qu'il a tenue a pu influer sur les destinées de l'État, il sera bien permis à l'historien
de la présenter sous ses véritables couleurs ; mais
sans que jamais il puisse lui être permis de diffamer
sa mémoire, en lui imputant des faits faux ou con-
trouvés : la porte reste ouverte et doit l'être à l'écrivain, pour dire la *vérité ;* mais elle doit être fermée
à la méchanceté et au mensonge.

Si d'ailleurs le législateur pensait qu'il fût convenable d'assigner un terme à l'exercice de l'action en
réparation, pour cause de diffamation, il pourrait ne
l'autoriser que de la part du *fils* et du *petit-fils*;
mais ce ne serait pas même notre avis, car l'honneur
des familles est souvent leur unique bien, et c'en
est toujours le plus précieux; ce qui s'oppose évidemment à une pareille restriction : plus on cher-
cherait à diminuer les risques à courir par les diffa-
mateurs, plus ils se croiraient en droit de diffamer,
et il est plus que temps d'y apporter remède.

VI. L'article 18 autorise lés tribunaux à ne prononcer, au cas même de diffamation, que la peine de l'amende *ou* celle de l'emprisonnement, laissant néanmoins à leur discrétion, de les prononcer l'une *et* l'autre. Cette alternative n'est pas, suivant nous, dans les principes d'une bonne législation : la loi doit déclarer d'une manière fixe et sans rien laisser à l'arbitraire, quelle est la peine qui doit être appliquée à chaque genre de délit; le juge, après avoir apprécié la culpabilité du prévenu, ne doit plus avoir qu'à ouvrir la loi, et qu'à mettre l'article relatif au délit reconnu, en regard avec la culpabilité déclarée, pour en faire l'application rigoureuse.

VII. Nous avons examiné, dans nos observations sur l'article 9, la question de savoir, si l'article 463 du Code pénal, peut recevoir son application aux dispositions de la présente loi, et nous nous sommes décidé pour l'affirmative; nous y persistons de plus fort, malgré que la section criminelle de la Cour de cassation, semble avoir préjugé le contraire, par son arrêt du 13 avril 1820. Dans l'espèce jugée par cet arrêt, la plainte avait eu pour objet la répression d'une diffamation exercée contre un *particulier,* ce qui rendait applicable l'article 18 de la présente loi. La Cour royale, en y statuant, avait appliqué la disposition de l'article 463 du Code pénal, et elle en fut reprise par la Cour de cassation; attendu que ledit article 18 n'avait pas prononcé, d'une manière *absolue,* la peine de l'emprisonnement, et qu'il n'avait pas non plus prononcé une amende *fixe :* qu'en accordant une juste latitude au pouvoir discrétionnaire du tribunal, cet article avait rempli l'objet de l'article 463 du Code pénal : que cet article était d'ailleurs restreint au cas où la peine d'*emprisonnement* est prononcée par ce code ; d'où suit qu'il ne pouvait avoir aucun rapport au délit de diffamation, substitué par la nouvelle loi, à celui de calomnie que réprimait le Code pénal.

Nous ne reviendrons pas sur ce que nous avons dit sur l'article 9, pour établir que l'article 463 reçoit une application nécessaire aux délits mentionnés dans la loi du 17 mai ; nous ferons seulement observer : 1° que si l'article 18 n'impose pas aux tribunaux le devoir *absolu* de condamner le prévenu de diffamation à l'emprisonnement, il les y *autorise,* ce qui suffit pour faire rentrer la disposition de cet article sous l'empire de l'article 463 du Code pénal ; 2° qu'il résulte nécessairement de ce que l'autorisation est donnée aux tribunaux par l'article 463 de réduire la peine de l'*emprisonnement,* qu'ils le peuvent de même au cas où la loi ne prononce que la p ine de l'*amende ;* les délits moindres en gravité ne devant pas être plus sévèrement punis que ceux que la loi répute les plus condamnables.

On disait bien, à l'appui du système contraire, que l'article 463 du Code pénal ne pouvait recevoir d'application aux délits prévus par la présente loi ; qu'il avait été jugé par la Cour de cassation, et notamment les 10 septembre 1812, 12 mars et 13 septembre 1813, que cet article n'était pas applicable aux cas prévus par les lois *spé-*

ciales ; mais lors même que les lois nouvelles sur la liberté de la presse pourraient être considé-rées comme *spéciales*, elles ne pourraient être rangées, sous le rapport de l'article 463 du Code pénal, dans la même catégorie que les autres lois de cette nature. Nous en avons donné la raison, qui se tire de ce que la loi du 9 novembre 1815 avait déclaré cet article inapplicable, et que la disposition de cette loi a été abrogée; d'où suit évidemment, qu'il a été dans l'intention du législateur que, par la suite, il pût en être fait application. Aussi l'arrêt du 13 avril 1820 n'a-t-il pas donné pour mo-tif à la cassation qu'il a prononcée, que l'article 463 ne pouvait recevoir d'application, parce que la loi nouvelle était *spéciale* sur la matière : la loi du 17 mai n'est pas, en effet, une loi vraiment *spéciale*, quoiqu'elle traite spécialement des délits de provocation, de diffamation et d'injure ; elle ne fait que reproduire, sous d'autres formes, des délits déjà réprimés par le Code pénal.

ARTICLE XIX.

L'injure contre les personnes désignées par les articles 16 et 17 de la présente loi sera punie d'un emprisonnement de cinq jours à un an et d'une amende de vingt-cinq francs à deux mille francs, ou de l'une de ces deux peines seulement, selon les circonstances.

L'injure contre les particuliers sera punie d'une amende de seize francs à cinq cents francs.

1. Les articles 16 et 17 seraient demeurés incom-

plets, s'ils n'avaient pas eu l'article 19 pour corollaire ; ces articles n'ayant disposé que relativement
à la *diffamation*, sans s'occuper des simples *injures*.

Lorsque *l'injure* n'avait pas le caractère de la
calomnie, le Code pénal ne prononçait que des
peines de *simple police*. La loi nouvelle va plus
loin ; elle a considéré l'injure sous deux rapports,
punissant l'une de *peines correctionnelles* et l'autre
de peines de *simple police*.

II. Si l'injure a été proférée contre les personnes
dénommées aux articles 16 et 17, ce sont des peines
correctionnelles qui doivent être appliquées ; et
ce sont pareillement des peines correctionnelles
qui doivent l'être, au cas d'injures proférées contre
les simples *particuliers*, lorsqu'elles ont été rendues *publiques* et qu'elles renferment l'imputation
d'*un vice déterminé* ; mais alors la peine ne peut
être que celle de *l'amende*.

Ce n'est que dans le cas de simple *injure*, c'est-
à-dire, dans celui où elle n'a pas été rendue *publique*, et qu'elle a été dirigée contre des *particuliers*,
qu'il n'y a lieu d'appliquer que des peines de *simple police*.

III. Si l'on n'avait à consulter que les dispositions
de l'article 20, les simples injures envers les particuliers, pourraient être plus sévèrement punies
que celles qui rentrent, par leur gravité, dans la
compétence des tribunaux correctionnels ; mais
les dispositions de l'article 20 doivent être entendues
dans le sens restrictif du n° 11 de l'article 471 du

Code pénal, qui ne prononce que l'amende *d'un franc* à *cinq francs,* sans qu'aujourd'hui même, dans le cas de *récidive,* l'emprisonnement puisse être prononcé, aux termes de l'article 474; cet article se trouve, en effet, implicitement rapporté par l'incohérence qui résulterait de son application, en présence de l'article 19, qui n'autorise pas la condamnation à la peine de l'emprisonnement, au cas même de *récidive;* l'article 25 n'ayant fait que renvoyer pour l'aggravation de peines au chapitre 4, livre Ier du Code pénal, qui ne prononce celle de l'*emprisonnement* pour *récidive,* que alors que le prévenu a déjà été condamné, par un premier jugement, à l'*emprisonnement* au moins d'une année.

ARTICLE XX.

Néanmoins, l'injure qui ne renfermerait.pas l'imputation d'un vice déterminé, ou qui ne serait pas publique, continuera d'être punie des peines de simple police.

1. Pour l'intelligence de cet article, nous pourrions nous borner à renvoyer aux observations que nous venons de faire sur l'article 19; cependant nous remarquerons, que l'article 20 ne parle que d'*imputation* et non plus d'une simple *allégation;* d'où suit que, s'il n'y avait eu que la simple *allégation* d'un vice déterminé, l'affaire continuerait de rester dans les attributions du tribunal de police, comme elle continuerait d'y rester, si même l'*imputation* n'avait pas été rendue *publique:* c'est ce que la Cour de cassation jugea

le 21 décembre 1819, en cassant un jugement rendu par le tribunal d'arrondissement de Melun, qui avait condamné le prévenu à des peines *correctionnelles,* sur la déclaration en fait, *qu'il avait été porté atteinte à l'honneur et à la considération du plaignant ;* attendu que le tribunal n'avait pas en même temps déclaré que, l'imputation avait été rendue *publique,* de sorte que l'injure ne réunissait pas *le double caractère de publicité et de gravité ;* ce qui ne permettait pas d'appliquer au prévenu d'autres peines que celles *de simple police.*

II. Par *vice déterminé* la loi n'entend pas la simple imputation *d'une imperfection corporelle ;* une pareille imputation peut bien avoir quelque chose de *désagréable* pour celui qui en est l'objet; mais ce n'est pas une *injure* proprement dite. L'imputation *d'un vice déterminé* ne peut être que celle *d'une disposition habituelle* à faire quelque chose de répréhensible aux yeux *de la loi ou de la morale publique.*

III. Pour que l'imputation ait le caractère de *publicité* exigé par la loi, il faut qu'elle ait été faite *dans un lieu ou réunion publics.*

IV. Si l'injure résultait de discours prononcés ou d'écrits produits devant les tribunaux, il faudrait se conformer à ce que prescrit, à cet égard, l'article 23 de la présente loi.

CHAPITRE VI.

DISPOSITIONS GÉNÉRALES.

ARTICLE XXI.

Ne donneront ouverture à aucune action, les discours tenus dans le sein de l'une des deux Chambres, ainsi que les rapports ou toutes autres pièces imprimés par ordre de l'une des deux Chambres.

I. Les membres des Chambres ne peuvent être recherchés pour raison des discours qu'ils prononcent et des rapports qu'ils font dans le sein de leurs Chambres respectives ; mais c'est uniquement, en ce point, que consiste leur inviolabilité aux termes de l'article 21 ; de sorte que s'ils faisaient imprimer leurs discours ou rapports, lorsque l'impression n'en aurait pas été ordonnée par la Chambre, ils deviendraient responsables de leur contenu, quand même ils n'y auraient pas changé un seul mot et qu'ils n'auraient pas été rappelés à l'ordre, lorsqu'ils les auraient prononcés ; ce qui nous semble être une gêne inutile et sans objet, puisque l'article 22 autorise les journalistes à rendre compte des séances *publiques* des Chambres, et que, dès-lors l'impression des discours et rapports ne pourrait rien ajouter à leur publicité.

II. La responsabilité que la loi fait peser sur les

membres des Chambres, au cas d'impression des discours qu'ils ont prononcés et des rapports qu'ils ont. faits, lorsque l'impression n'en a pas été ordonnée, emporte à plus forte raison, leur respoi - sabilité, relativement aux opinions qu'ils auraient simplement préparées et que la clôture de la discussion ne leur aurait pas permis de prononcer ; ce qui peut avoir de graves inconvéniens ; car au moyen de cette autorisation de poursuivre les députés qui auraient publié leurs opinions, les Chambres pourraient se trouver privées de renseignemens souvent utiles.

III. L'article 21 parle d'impression *de pièces* autres que les discours et rapports ; d'où suit que, des pièces *produites* et même *lues* dans les séances *publiques* ne pourraient être livrées à l'impression, sans laisser peser tout le poids de la responsabilité, sûr le pair ou le député qui les y auraient livrées, si la Chambre ne l'avait pas autorisé.

ARTICLE XXII.

Ne donnera lieu à aucune action, le compte fidèle des séances publiques de la Chambre des Députés, rendu de bonne foi dans les journaux.

I. Ce n'est que des séances *publiques* que les journalistes sont autorisés de rendre compte : quant à ce qui se passe dans les comités *secrets,* l'autorisation ne leur en est donnée, qu'au cas prévu dans l'article 7 de la loi du 9 juin 1819. Leur responsabilité ne se trouve d'ailleurs mise à couvert, qu'autant qu'ils rendent un compte *fidèle* et de *bonne foi*, de ce qui s'est passé, même dans les séances publiques.

Les mots *fidèle* et de *bonne foi* qui se lisent dans l'article 22, ne peuvent avoir la même acception ; car il y aurait pléonasme dans la rédaction de la loi, ce que l'on ne peut supposer, dans une loi, lorsque surtout, elle a été aussi solennellement discutée que l'a été celle du 17 mai. L'article doit donc être entendu dans ce sens, qu'il suffit que le compte ait été rendu de *bonne foi*, lors même qu'il ne l'aurait pas été bien *fidèlement*.

11. Mais le journaliste qui aurait rapporté *infidèlement* et de *mauvaise foi*, ce qui se serait passé dans les séances *publiques* des Chambres, pourrait-il être poursuivi et condamné pour raison de ce fait, si, de la manière dont il en aurait rendu compte, il n'était résulté ni *provocation*, ni *offense*, ni *outrage*, ni *diffamation*, ni *injure* ? Quoique la conduite du journaliste, en pareil cas, fût très répréhensible, il n'aurait pas commis un délit *punissable* ; car l'article 22 ni aucun autre de la loi, n'a prononcé de peines pour ce cas particulier, et les tribunaux ne peuvent suppléer au silence de la loi, en matière pénale.

ARTICLE XXIII.

Ne donneront lieu à aucune action en diffamation ou injure, les discours prononcés ou les écrits produits devant les tribunaux : pourront, néanmoins, les juges saisis de la cause, en statuant sur le fond, prononcer la suppression des écrits injurieux ou diffamatoires , et condamner qui il appartiendra en des dommages-intérêts.

Les juges pourront aussi , dans le même cas, faire des injonctions aux avocats et officiers ministériels , ou même les suspendre de leurs fonctions.

La durée de cette suspension ne pourra excéder six mois ; en cas de récidive, elle sera d'un an au moins et de cinq ans au plus.

Pourront , toutefois , les faits diffamatoires étrangers à la cause donner ouverture, soit à l'action publique , soit à l'action civile des parties , lorsqu'elle leur aura été réservée par les tribunaux , et, dans tous les cas, à l'action civile des tiers.

1. L'article 23 met deux exceptions au principe qu'il établit; la première, pour le cas où les faits *diffamatoires* sont *étrangers* à la cause qui se discute ; la seconde, pour celui où ce serait contre des *tiers* que la diffamation aurait été exercée ; sur quoi nous ferons observer que, pour rentrer dans ces exceptions, il faut, à l'égard des parties *qui sont en cause*, qu'il y ait eu *diffamation* et non pas simple *injure;* et l'on pourrait même soutenir, si l'on s'en rapportait aux termes rigoureux dudit article, que les *tiers* eux-mêmes, ne seraient pas recevables à demander réparation des simples *injures* qui leur auraient été *publiquement* faites, dans des discours prononcés ou dans des écrits publiés devant les tribunaux ; l'article 23, dans sa disposition relative, n'ayant parlé que de la *diffa-*

mation : mais les *tiers* ne se trouvent ici rappelés qu'énonciativement et seulement pour faire voir que leurs droits restent entiers, qu'aucune fin de non-recevoir ne peut leur être opposée.

II. Lorsque le tiers prend le parti de se pourvoir en réparation de l'injure qu'il prétend avoir reçue, il ne peut le faire que *par la voie civile.* La plainte qu'il porterait ne serait pas même recevable au cas d'une véritable diffamation; ce qui ne peut lui préjudicier en aucune manière. Mais si c'était la partie elle-même qui eût été *diffamée,* et qu'il lui eût été fait des *réserves* de se pourvoir, elle aurait la faculté de le faire par la voie *civile* ou par la voie *criminelle* à sa volonté; ce qui ne doit s'entendre toutefois, que des faits diffamatoires *étrangers* à la cause; et seulement, lorsque le tribunal a fait la réserve, soit de l'action publique, soit de l'action civile; car s'il n'avait été fait réserve que de l'action civile, ce ne serait que par cette voie que l'action pourrait s'engager.

C'est le tribunal devant lequel la cause est portée, qui est seul compétent pour juger, si les faits que l'une des parties prétend être diffamatoires, y sont ou non *étrangers;* ce qui est fondé sur la nature même des choses: d'où suit que, s'il avait été fait des réserves à la partie offensée de se pourvoir, le prévenu ne serait pas recevable à soutenir que les faits constitutifs de la diffamation, *n'étaient pas étrangers* à la cause; mais il serait fondé à contester le caractère sous lequel le demandeur voudrait faire envisager les faits prétendus diffamatoires ; et conclure même à son renvoi de la demande, sans qu'il lui fût besoin de proposer aucun autre moyen de justification.

III. Lorsque les faits *diffamatoires* ne sont pas étrangers à la cause, soit qu'ils résultent d'écrits ou de simples discours, le tribunal qui se trouve saisi, en devient nécessairement le juge ; mais il ne pourrait appliquer à celui qui s'en serait rendu coupable, ni la peine de l'*emprisonnement,* ni même celle de l'*amende,* sans violer les règles de sa compétence ; il est simplement autorisé à prononcer la suppression de l'écrit diffamatoire ou injurieux, et à condamner l'offenseur à des *dommages-intérêts,* sauf à faire des injonctions aux avocats et officiers ministériels qui en auraient été les propagateurs, même à les suspendre de leurs fonctions, suivant la gravité des circonstances.

La *suspension* ne peut être prononcée pour la première fois, pour un laps de temps de plus *de six mois ;* mais en cas de *récidive,* elle peut l'être pour *cinq ans ;* elle ne peut même l'être, dans ce cas, pour *moins d'une année.*

Le 28 avril 1820, la Cour de cassation eut à prononcer sur le pourvoi exercé devant elle, par un avocat, qu'une cour royale avait condamné à une peine de *discipline.* L'avocat fondait son recours sur la violation de l'article 23 de la loi du 17 mai 1819 ; et l'arrêt fut maintenu, d'après les considérations que voici : « Attendu que, les dispositions dudit ar-

» ticle sont conçues en termes généraux; que d'ail-
» leurs, il serait sans objet d'examiner si la peine
» de discipline à laquelle le demandeur a été con-
» damné, a pu être régulièrement prononcée d'a-
» près les dispositions de cet article, puisque cette
» condamnation est justifiée par l'article 103 du dé-
» cret du 30 mars 1808, qui porte que, dans les
» cours et dans les tribunaux de première instance,
» chaque chambre connaîtra des fautes de disci-
» pline qui auraient été commises ou découvertes
» à son audience; que cet article n'est nullement
» dépendant de l'article 102 qui le précède; qu'il
» n'est pas comme lui, relatif exclusivement aux
» officiers ministériels; qu'il est, au contraire, gé-
» néral, et s'applique à toutes les fautes de disci-
» pline commises dans une audience par un indi-
» vidu quelconque, exerçant auprès des tribunaux
» des fonctions qui le soumettent à la juridiction de
» discipline; que le décret du 14 décembre 1810,
» en accordant aux conseils de discipline des avo-
» cats, une juridiction particulière, n'a ni aboli, ni
» restreint celle qui appartient aux cours et aux
» tribunaux, d'après les lois et règlemens an-
» térieurs; que si l'article 38 de ce décret ne
» porte, à l'égard des avocats, qu'une injonction,
» sans disposition pénale, c'est qu'il n'a eu pour
» objet que de rappeler, ainsi qu'il est annoncé
» dans le préambule de ce même décret, les règles
» dont l'observation devait conserver la dignité de
» leur profession; et que, pour la répression de l'in-
» fraction à ces règles, il s'en est rapporté à la légis-

5

» lation déjà existante : que l'article 39 a prévu des
» délits d'une nature tout autre que de simples
» fautes de discipline; que son objet est donc diffé-
» rent de celui de l'article 38, et que dès-lors il a
» dû régler, par une disposition particulière, la ré-
» pression des fautes qu'il détermine dans sa prohi-
» bition; que sous aucun rapport, par conséquent,
» la condamnation prononcée par la Cour, ne
» renferme ni abus de pouvoir, ni violation des
» règles de compétence, ou de disposition des lois
» pénales. »

iv. L'article 23 autorisant le tribunal saisi, de condamner, *qui il appartiendra,* en des dommages-intérêts, a suffisamment sous-entendu qu'il peut en
être prononcé non-seulement *contre la partie,*
mais contre ses *défenseurs,* lorsqu'ils se seront
personnellement compromis.

Mais par qui le montant de ces dommages-intérêts doit-il être réglé ? En abandonner la fixation
aux tribunaux, c'est livrer la fortune des citoyens
à un *arbitraire,* qui peut produire les suites l
plus fâcheuses ; cependant, eux seuls peuven
être les juges de la gravité de l'injure et par suit
de la réparation qui doit être accordée à la par
tie qui en a pu souffrir, dans son honneur et dan
sa considération; mais ne pourrait-on trouver un
base légale à l'appréciation des dommages-intérêts
d'après les règles combinées de la raison et d
la justice ? La chercher, doit être l'objet de mûre
réflexions. Il ne faut pas qu'une condamnation à

des dommages-intérêts puisse devenir, par le fait, une véritable *confiscation* de biens.

Ce n'est, au surplus, *qu'en jugeant le mérite du fond,* que le tribunal doit prononcer sur la demande en dommages-intérêts, parce que c'est alors seulement, que le tribunal peut avoir acquis tous les renseignemens convenables, pour bien apprécier la gravité de l'injure.

v. L'article 23 ne porte pas que, le tribunal qui statue en pareille matière, peut ordonner l'*impression* et l'*affiche* de son jugement; aussi le tribunal ne pourrait-il les prononcer d'office, ni même sur la réquisition de la partie publique; mais rien ne s'opposerait à ce qu'il les ordonnât sur la demande de la partie offensée, pour lui tenir lieu de plus amples dommages-intérêts.

vi. L'on a vu que, la partie offensée n'a le droit de se pourvoir, pour obtenir la réparation des faits diffamatoires *étrangers* à la cause, que dans le cas où il lui en a été fait des *réserves* par le jugement qui a statué sur le fond des contestations; mais en vertu des réserves qui ont été faites, soit *à la partie publique,* soit à la partie civile, la *partie publique* serait-elle suffisamment autorisée à faire des poursuites d'*office?* Elle ne le pourrait certainement, que sur *la plainte* de la partie lésée; car de simples *réserves,* lors même qu'elles ont été sollicitées, ne peuvent tenir lieu *de la plainte* qui est exigée par l'article 5 de la loi du 26 mai: ce qui résulte donc uniquement de la réserve qui peut avoir été faite à la *partie publique*, c'est que dans le cas de cette réserve, la partie civile est autorisée de rendre *plainte*, tandis que si la réserve n'avait été faite qu'à la partie, elle n'autoriserait cette partie que dans l'exercice d'une simple action *civile*.

VII. On ne peut considérer comme *tiers*, les témoins qui sont appelés à déposer dans l'affaire ; de sorte que, s'ils croyaient avoir à se plaindre, à raison des imputations qui pourraient leur avoir été faites, en plaidoirie ou dans le cours des débats, ils devraient, comme les parties elles-mêmes, demander qu'il leur fût fait des *réserves* de se pourvoir ; et que, s'ils n'en avaient pas formé la demande, ou que si leur demande n'avait pas été accueillie, toute action leur serait interdite.

Les témoins ne sont pas, à la vérité, *parties* au procès, dans la rigueur des termes ; mais ils ne sont pas non plus des *tiers désintéressés* ; ils sont *présens*, ils peuvent se *défendre*, et s'ils gardent le silence devant la cour qui se trouve saisie, la présomption de droit est, qu'ils ont eux-mêmes jugé que le prévenu ne s'était pas écarté d'une légitime défense : l'article 319 du Code d'instruction criminelle autorise, en effet, l'accusé à dire contre le témoin et contre son témoignage, tout ce qui peut être utile à sa défense ; et ce ne peut être qu'à la cour devant laquelle s'établissent les débats, qu'il peut appartenir de juger, si ce qu'a dit l'accusé, rentrait dans le cercle de sa légitime défense.

Si la loi réserve aux *tiers* l'exercice de leur action, c'est que n'étant pas *présens*, ils n'ont pu demander ni la réparation de l'injure, ni la réserve de se pourvoir ; ce qui ne peut s'appliquer au témoin qui reste présent à toute la discussion, et qui peut agir, pour la conservation de ses droits.

ARTICLE XXIV.

Les imprimeurs d'écrits dont les auteurs seraient mis en jugement en vertu de la présente loi, et qui auraient rempli les obligations prescrites par le titre II de la loi du 21 octobre 1814, ne pourront être recherchés pour le simple fait d'impression de ces écrits, à moins qu'ils n'aient agi sciemment, ainsi qu'il est dit à l'article 60 du Code pénal qui définit la complicité.

1. Les formalités prescrites aux *imprimeurs* par le titre 2 de la loi du 21 octobre 1814, sont de se faire *bréveter et assermenter;* de ne pas *commencer* l'impression d'un ouvrage, *avant* que d'en avoir fait la déclaration ; d'avoir fait le dépôt d'un certain nombre d'exemplaires , lorsque l'impression est achevée et de déclarer *le véritable nom* de l'auteur ou de l'éditeur. Lorsque l'imprimeur a rempli ces formalités, il ne peut être actionné, *pour le seul fait de l'impression,* lors même que l'auteur ou l'éditeur serait mis en jugement : ainsi, le fait de l'impression dégagé de toutes autres circonstances, ne peut être considéré comme constitutif de la *complicité.*

Mais, si l'imprimeur avait négligé de remplir toutes ou même quelques-unes des formalités qui lui sont imposées par la loi ; ou s'il s'était rendu coupable de complicité, par l'un des moyens exprimés dans l'article 60 du Code pénal, il pourrait être poursuivi et condamné, lors même que l'auteur ou l'éditeur, quoique connu, ne serait pas personnellement poursuivi ; et il se trouverait être passible des mêmes peines, que l'auteur ou l'éditeur aurait encourues.

II. La loi du 21 octobre 1814 n'a pas imposé l'obligation aux imprimeurs de déclarer, en faisant le dépôt des exemplaires, que l'auteur ou l'éditeur est dans l'intention de publier l'ouvrage ; mais lorsque l'auteur ou l'éditeur est dans cette intention, l'imprimeur ne doit pas négliger d'en faire la déclaration dans l'acte de dépôt, et de la faire consigner dans le *récépissé* qui lui en est donné ; l'article 29, § 2, de la loi du 26 mai, ne faisant courir la *prescription* qu'il établit, qu'au cas où la publication de l'écrit a été précédée, non-seulement du dépôt, mais aussi de la *déclaration* que l'éditeur entend le publier.

III. En déclarant que le *seul* fait de *l'impression* ne peut constituer la *complicité* de l'imprimeur, le législateur a implicitement reconnu, que l'imprimeur n'est pas établi le *censeur* des ouvrages qu'il imprime ; qu'il n'est tenu que de veiller à ce que le manuscrit soit imprimé, tel qu'il lui a été confié, et à ce que l'impression en soit faite correctement ;

d'où suit que, l'adverbe *sciemment* qui se lit dans l'article 24, ne peut recevoir d'application, qu'au cas où c'est par des voies étrangères à l'exercice matériel de son état, qu'il s'est rendu le complice de la provocation.

IV. La loi du 17 mai ne s'est pas occupée des *libraires* d'une manière particulière, ce qui pourrait faire croire que le législateur a entendu les soustraire, ainsi que les imprimeurs, à l'action de la justice, lorsque l'on n'aurait d'autre reproche à leur faire que d'avoir vendu l'ouvrage incriminé ; et, en effet, les libraires ne sont pas plus que les imprimeurs établis les censeurs des écrits, et l'on ne peut exiger d'eux, qu'avant de mettre en vente les livres de leur magasin, ils commencent par en prendre une lecture assez réfléchie, pour s'assurer, qu'ils ne contiennent aucune provocation *directe* ou *indirecte* : aussi le libraire *Corréard* mis en jugement, pour avoir vendu une brochure incriminée et condamnée, proposât-il ce moyen devant la Cour d'assises ; et il paraît que le jury en fut frappé, puisque ce libraire ne fut déclaré coupable qu'à la majorité de sept voix contre cinq ; mais la cour s'étant rangée à la majorité de quatre voix contre une, à la déclaration de culpabilité faite par le jury, le prévenu fut condamné : le fut-il, *par la seule raison* qu'il avait vendu l'écrit diffamatoire, où parce que les sept jurés et les quatre juges qui le condamnèrent, le considérèrent comme complice de la provocation, sur d'autres circonstances résultantes des débats? C'est ce

qu'il n'est pas possible de savoir; mais nous suppo-
sons que ce fut par ce dernier motif, que les sept jurés
et les quatre juges se décidèrent; car, lorsque le législateur a voulu que la *vente* des ouvrages, dégagée de
toutes autres circonstances, fût considérée comme
punissable, elle l'a formellement déclaré, comme
cela se voit dans l'article 27 de la loi du 26 mai.

ARTICLE XXV.

En cas de récidive des crimes et délits pré-
vus par la présente loi, il pourra y avoir lieu à
l'aggravation des peines prononcées par le cha-
pitre IV, livre 1ᵉʳ du Code pénal.

I. Pour que les peines de la *récidive* puissent
être justement prononcées, aux termes de l'article 25,
il faut que la première condamnation ait porté sur
des crimes ou délits, *mentionnés dans la présente*
loi; ce qui déroge pour le cas prévu, aux principes
généraux de la matière.

II. L'article 25 déroge encore, sous un autre point
de vue, aux dispositions du Code pénal, en ce qu'il
rend l'application des peines de la récidive purement
facultative; et cette faculté s'étend même jusqu'à
laisser à la discrétion des tribunaux de ne les prononcer qu'en partie; car qui peut le plus, peut nécessairement le moins, et dès que les tribunaux
seraient autorisés de ne prononcer aucune aggravation de peines, au cas même de récidive, à plus forte

raison, peuvent-ils les *modifier,* de la manière qu'ils le jugent convenable.

ARTICLE XXVI.

Les articles 102, 217, 367, 368, 369, 370, 371, 372, 374, 375, 377 *du Code pénal, et la loi du* 9 *novembre* 1815, *sont abrogés.*

Toutes les autres dispositions du Code pénal, auxquelles il n'est pas dérogé par la présente loi, continueront d'être exécutées.

I. Cet article maintient, par sa seconde disposition, toutes celles du Code pénal, auxquelles il n'a pas été dérogé ; de sorte que toutes celles qui n'ont pas été spécialement abrogées, doivent continuer de recevoir leur application, dans les cas qu'elles ont prévus ; et conséquemment l'article 463 qui autorise les tribunaux à ne prononcer que de simples peines de police, lorsqu'il existe, en faveur des prévenus, des circonstances atténuantes, et que le dommage causé n'excède pas 25 fr. : nous en avons déjà fait l'observation sur l'article 9, en déduisant les motifs qui nous ont déterminé à adopter cette opinion.

II. Depuis long-temps, une pareille disposition est réclamée dans l'intérêt des prévenus de *crimes,* et même dans celui de la vindicte publique ; de manière qu'au cas de conviction de l'accusé, les juges soient autorisés de n'appliquer que des peines *correctionnelles,* lorsqu'il existe des circonstances atténuantes, et qu'il n'a été causé qu'un léger dommage. Ce serait le moyen le plus certain d'éviter le scandale de l'acquittement d'accusés, qui n'échappent souvent à la peine qu'ils ont encourue, qu'à raison de ce que celles prononcées par la loi, ne sont pas proportionnées au genre de délit qu'il s'agit de réprimer : pour *un* juré qui ne voudra voir que le *délit,* abstraction faite de la peine, il y en aura *dix* qui ne sépareront pas dans leur pensée, la déclaration de culpabilité et ses conséquences, et qui diront, qu'il vaut encore mieux *ne pas punir,* que *trop punir.*

L'emploi de ce moyen serait infiniment préférable au rétablissement de la loi de frimaire an 8, qui avait rangé dans la classe des *délits,* certains faits que le Code pénal de 1791 avait qualifiés et punis comme *crimes,* et que l'on peut se rappeler n'avoir été abrogée par le nouveau code, que sur le motif, que sous l'empire de cette loi, les vols étaient devenus encore plus fréquens ; les malfaiteurs n'étant plus retenus par la crainte de se voir condamner à la peine des *fers* ou de la *réclusion :* cette crainte salutaire continuerait d'exercer son influence, mais du moins, les droits de la nature et de la justice se trouveraient mieux respectés ; et l'on n'aurait plus alors le spectacle affligeant de voir un misérable, mourant de faim, condamné à la peine des fers ou de la réclusion, pour avoir soustrait le morceau de pain nécessaire à sa subsistance, qui peut-être lui aurait été inhumainement refusé ; et que quelques jours de prison auraient suffisamment puni.

III. L'article 26 déclare abrogés les articles 102, 217 du Code pénal, et autres qu'il mentionne ; mais l'article 102 et la seconde disposition de l'article 217 ont été remplacés par les articles 2, 3, 4, 5 et 6 de la loi du 17 mai, et les articles 367, 369, 370, 371, 372, 374, 375 et 377, l'ont été par les articles 9 et suivans de la même loi. Quant aux articles 373 et 376 qui se trouvent maintenus, celui-ci d'une manière expresse par l'article 20, et l'article 373, par le seul fait qu'il n'a pas été compris dans l'abrogation, il ne sera pas inutile d'en rappeler les dispositions.

L'article 376 porte que : « Toutes autres injures » ou expressions outrageantes qui n'auront pas » eu *ce double caractère de gravité et de publi-* » *cité,* ne donneront lieu qu'à des peines de sim- » ple police », et c'est dès-lors, dans ce sens, que doivent être entendues et appliquées les dispositions de l'article 20. Pour soustraire l'injure à son empire, il faut, de toute nécessité, qu'elle ait eu *le double caractère de gravité et de publicité.*

Les dispositions de l'article 373 ne sont pas moins importantes à connaître. Il porte que : « Qui- » conque aura fait *par écrit* une *dénonciation* » *calomnieuse* contre un ou plusieurs individus, » aux officiers de justice ou de police, administra- » tive ou judiciaire, sera puni d'un emprisonne- » ment d'un mois à un an, et d'une amende de cent » francs à trois mille francs. »

L'article ne parle que du seul *dénonciateur,*

mais la *plainte* constituerait *une véritable dénonciation*, quoiqu'elle fût déguisée sous l'appa-
rence d'une ¦plainte, si elle portait sur un fait
étranger au plaignant, c'est-à-dire, qu'il n'aurait
pas un intérêt direct ou indirect de poursuivre,
en son nom personnel. Si le plaignant avait un intérêt quelconque à la répression du *fait* qu'il a con-
signé dans sa plainte, dans le cas où il parviendrait
à en établir la culpabilité, il ne se trouverait exposé,
au cas de l'acquittement du prévenu, qu'à de simples
dommages-intérêts : la loi ne suppose pas, elle ne
devait pas même supposer, qu'il eût agi dans un
esprit d'injures.

Mais il en est autrement de celui qui n'a aucun intérêt personnel à l'affaire : ce n'est plus qu'*un vil
délateur*, lorsqu'il fait une dénonciation *calomnieuse ;* et l'on ne devine pas pourquoi, l'article 373
du Code pénal n'a prononcé de peines, en pareil
cas, que lorsque la dénonciation a été faite *par
écrit*. Celui qui fait une simple dénonciation verbale,
et qui refuse de se faire connaître, est mille fois
plus coupable encore, que le dénonciateur qui se
montre à découvert, et qui s'expose ainsi à toutes
les chances de sa dénonciation. On peut du moins
supposer à celui-ci, des vues d'utilité publique,
tandis que le dénonciateur anonyme ne peut en
avoir que de perfides.

La restriction de l'article 373 ne pourrait trouver grâce, qu'autant qu'il serait interdit, au ministère
public, de faire des poursuites sur une dénonciation

verbale; mais il n'en est pas ainsi, et il résulte de là, que le dénonciateur verbal demeurant inconnu à l'accusé, peut être appelé soit comme témoin, soit comme juré, soit comme juge de l'affaire, sans qu'il reste aucun moyen à l'accusé de le récuser ni de le reprocher.

Le Code d'instruction criminelle charge bien l'officier du ministère public, d'indiquer à l'accusé, lorsqu'il a obtenu son acquittement, le nom de l'individu qui s'est rendu son dénonciateur; mais si la condamnation de l'accusé a été prononcée, comme elle aura pu l'être sur la déposition ou sur la déclaration de culpabilité faite par le dénonciateur, comme juge ou comme juré, il jouira donc en paix de son infâme triomphe? Comment, d'ailleurs, l'officier du ministère public pourra-t-il remplir le commandement de la loi, si la dénonciation n'a été que *verbale?* Les officiers de police sont-ils contraints de tenir registre des dénonciations *verbales* qu'ils reçoivent? Et dans tous les cas, la note qu'ils en auraient retenue, suffirait-elle à l'accusé, pour fonder les poursuites qu'il voudrait exercer contre le dénonciateur qui serait indiqué par cette note? N'est-il jamais arrivé, que sur la demande de l'accusé dont l'acquittement a été prononcé, tendant à ce qu'on lui nommât son dénonciateur, il lui ait été répondu, qu'il n'avait fait sa dénonciation que sur l'assurance qui lui avait été donnée de n'être pas connu? Mauvaise défaite, sans doute; mais qui n'en met pas moins le

dénonciateur calomnieux à l'abri de recherches;
et qui ne le laisse pas moins jouir, d'une considération usurpée, lorsqu'il devrait être marqué au
front du sceau de l'ignominie.

NOTA. Ajoutez aux observations sur l'article 21 de la loi du
17 mai : M. le comte Boissy-d'Anglas a dit, à la séance de
la Chambre des Pairs du 27 juin 1820, sans qu'il se soit élevé
de réclamation : « Que la Chambre a le droit, sans doute,
» d'exiger, de la part des journaux, un silence absolu sur ses
» déterminations ; mais qu'elle renonce à ce droit, pour tout
» discours dont l'impression est ordonnée ; qu'il dépend alors de
» l'auteur de ces discours, de leur donner telle publication qu'il
» juge convenable ; et que cette publication, aux termes de
» l'article 21 de la loi du 17 mai 1819, sur les délits de la presse,
» ne peut donner ouverture à aucune action. »

§ II.

LOI DU 26 MAI 1819,

Relative à la poursuite et au jugement des crimes et délits commis par la voie de la presse ou par tout autre moyen de publication.

ARTICLE PREMIER.

La poursuite des crimes et délits commis par la voie de la presse, ou par tout autre moyen de publication, aura lieu d'office et à la requête du ministère public, sous les modifications suivantes.

I. Cet article maintient les officiers du ministère public, sous certaines *modifications*, dans le droit de poursuivre d'*office*, la répression des *crimes et délits* qui se commettent par la voie de la presse, ou par tout autre moyen de publication; ce qui reçoit une application *nécessaire* aux simples *contraventions* de police; car s'il est interdit à la partie publique de faire la poursuite d'office des délits, à plus forte raison, lui est-il interdit d'en faire dans le cas de simples injures.

II. Quoique l'article semble supposer, par sa rédaction, que le droit de poursuivre d'office, même les *crimes* qui peuvent se commettre par les voies indiquées, s'y trouve modifié, il ne le modifie cependant sous aucun rapport, et la chose devait être ainsi; car la répression des *crimes* intéresse *la société entière,* et la poursuite ne peut dèslors être subordonnée à aucune *condition.*

III. La législation particulière qu'établit la loi du 26 mai, dans ses rapports avec les *délits* de la presse, devrait être étendue à tous les cas où le fait imputé au prévenu, ne prend le caractère d'un délit punissable que par le dommage causé à autrui, et que par la réparation qu'il en demande à la justice : c'est ce que nous avons établi dans l'ouvrage déjà cité; mais nous n'oserions nous flatter, d'avoir donné l'idée d'en faire l'application à la matière qui nous occupe : déjà cependant, plusieurs des améliorations que nous avions proposées, dans cet écrit, ont été prises en considération; et nous en avons vu particulièrement trois des principales, consignées et recommandées dans une circulaire, que S. Exc. le garde des sceaux adressa le 10 février 1819 à MM. les procureurs généraux, un mois au plus après que notre ouvrage eut paru.

IV. Mais suffit-il qu'il y ait eu *plainte portée,* pour imposer l'obligation au procureur du Roi d'introduire l'action? Si les officiers du ministère public doivent veiller à ce qu'aucun crime ne reste impuni, ils ne doivent pas se livrer à des poursuites inconsidérées; d'où suit que, lorsque l'officier du ministère public qui a reçu la plainte, n'aperçoit pas dans l'écrit dénoncé, la trace d'un véritable délit, il ne doit pas en faire de poursuites ; car la plainte ne fait que rétablir les officiers du ministère public dans leurs droits primitifs ; et d'ailleurs, leur inaction sur la plainte, ne peut porter aucun préjudice à la partie plaignante, dont tous les droits demeurent réservés pour les exercer devant les tribunaux civils.

Cette doctrine nous a été enseignée par M. le garde des sceaux lui-même ; et, en effet, voici comme S. Ex. s'en est expliquée : « Il ne suffit pas de la » plainte pour déterminer l'action publique : toutes » les fois que le délit de diffamation ou d'injure est » plutôt une atteinte portée à l'*intérêt personnel* » qu'à celui *de la société*, la partie publique *doit* » *laisser* à la partie civile le soin d'obtenir elle- » même réparation. » Voilà le devoir bien et sagement tracé des officiers du ministère public.

v. Si le plaignant se désistait de sa plainte, l'officier du ministère public ne serait pas recevable à y donner suite ; car une plainte dont il y a eu désistement n'a plus d'existence *légale*, et les officiers du ministère public ne sont autorisés à faire des poursuites, que lorsqu'il y a plainte existante ; cependant s'il en avait été commencé, le plaignant devrait indemniser le Trésor public de ses avances.

L'article 4 du Code pénal porte bien, que le désistement de la plainte ne doit pas arrêter les poursuites de la partie publique ; mais la disposition de cet article ne peut recevoir d'application à l'espèce ; il n'est fait que pour les cas où la partie publique peut agir d'*office*, sans avoir besoin d'y être stimulée par une plainte, par une autorisation, ou par une réquisition.

Si nous revenons de nouveau sur cette question, c'est qu'elle nous paraît être de la plus haute importance, plus encore dans l'intérêt du *plaignant* que dans celui du *prévenu*.

Cependant, la Cour de cassation semblerait avoir préjugé le contraire, par son arrêt du 13 avril 1820, rendu d'après ces considérans : « Que si l'article 5 » de la loi du 26 mai porte, que la poursuite des » délits de diffamation ou d'injure envers les par- » ticuliers, ne peut avoir lieu que sur la plainte » de la partie qui se prétend lésée; cette disposi- » tion dérogatoire au droit commun, qui attribue au » ministère public le droit de poursuivre tout dé- » lit directement et d'office, ne peut être étendue » au-delà de ses expressions ; qu'elle interdit seu- » lement au ministère public d'exercer une action » avant qu'il en ait reçu l'impulsion par une plainte » de la partie lésée; mais que, lorsque cette plainte » a été portée, il rentre dans la plénitude de ses » attributions ; que son action est dégagée de toute » entrave, et qu'il peut appeler du jugement qui y » a statué, comme faire toutes autres poursuites » autorisées par la loi. »

Dans l'espèce jugée par cet arrêt, il ne s'agissait pas de savoir, si le *désistement* de la plainte devait emporter la discontinuation des poursuites, puis- que loin de s'en désister, le plaignant poursuivait, sur son appel, une plus ample réparation. Or, bien assurément, dans cet état de choses, il n'était pas possible de prétendre que l'officier du ministère public fût sans action; d'où résultait qu'il aurait pu lui-même interjeter appel du jugement, en ce qu'il n'avait pas prononcé les peines de la loi contre le prévenu qui avait été déclaré coupable; et que ne l'ayant pas interjeté, la Cour d'appel avait bien jugé, en refusant de faire droit à ses réquisitions, tendantes à la réformation d'un jugement qu'il n'avait pas attaqué dans une forme légale.

Mais au lieu de s'en tenir à ce moyen décisif, pour prononcer le rejet du pourvoi de la partie publique, la Cour a été plus loin, en déclarant, comme on l'a vu, que la plainte de la partie qui se prétend lésée, fait rentrer l'officier du ministère public dans la plénitude de ses droits; que son action est dégagée de toute entrave : ce qui ne doit être entendu que, *referendo ad referendum* ; c'est-à-dire, dans ses rapports seulement avec l'espèce qui était à juger. Une question d'une importance aussi majeure que celle de savoir, si le désistement de la plainte, en matière d'injure, enlève le droit qu'elle accordait à la partie publique, de faire ou de continuer des poursuites d'office, ne doit être décidée qu'après en avoir fait un examen approfondi; sans que l'on puisse regarder comme une jurisprudence établie, les considérans d'un arrêt, qui n'avait pas à prononcer sur la question. Que l'on y réfléchisse bien, et l'on se convaincra que la *plainte* étant le principe *nécessaire* de l'exercice de *l'action*, l'une et l'autre doivent avoir une existence *simultanée*; que n'y ayant plus de *cause*, il ne peut y avoir d'*effet*; que

6..

l'action qui est soumise à une *condition* perd toute sa force et sa vertu, lorsque la condition s'évanouit.

Le seul cas où, dans notre opinion, le *désiste-ment* de la plainte ne pourrait emporter la déchéance de l'action, serait celui où il serait intervenu un jugement de condamnation contre le prévenu, à des peines publiques, sur la poursuite du ministère public: la raison en serait alors que les poursuites ne se feraient plus en vertu de la *plainte*, mais pour l'exécution du jugement qui aurait prononcé la condamnation : les choses ne seraient plus entières; on procéderait sur de nouveaux erremens.

VI. En exigeant qu'il y ait eu *plainte* portée et non pas une simple *dénonciation* faite, pour autoriser des poursuites d'*office*, la loi ferme une des portes qui étaient ouvertes aux délations ; et ce serait le plus grand service que le législateur pourrait rendre à la société, que de trouver le moyen de faire rentrer dans le néant la secte infernale des délateurs, cent fois plus redoutable que la peste et que tous les autres fléaux de la terre. Si l'on est curieux de savoir comment ces infâmes sont traités dans les pays les moins civilisés, on peut recourir à la page 175 et suivantes du troisième volume *de l'Instruction criminelle, considérée dans ses rapports généraux et particuliers avec les lois anciennes et nouvelles et la jurisprudence de la Cour de cassation.*

ARTICLE II.

Dans le cas d'offense envers les Chambres ou l'une d'elles, par voie de publication, la poursuite n'aura lieu qu'autant que la Chambre qui se croira offensée l'aura autorisée.

I. Cet article est le premier qui apporte une modification aux poursuites d'office. Cette modification consiste à ne permettre aux officiers du ministère public de faire des poursuites, au cas *d'offense envers les Chambres,* que lorsque les Chambres elles-mêmes les ont *autorisées.*

II. Si la loi s'était bornée à exiger une *autorisation,* il en eût résulté que cette autorisation aurait pu être donnée, quelque laps de temps qui se fût écoulé, depuis que l'offense aurait été faite ; mais l'article 29 a voulu qu'elle ne pût l'être utilement que dans le délai fixé par cet article.

III. C'est devant les tribunaux ordinaires que l'affaire doit être suivie ; et non pas devant la Chambre qui se prétend lésée, comme cela se pratique en Angleterre : notre législation, sur ce point, est plus conforme aux principes de la raison et de la justice ; car on ne doit pas être juge et partie dans sa propre cause.

IV. Nous avons examiné sous l'article 1er, si les officiers du ministère public sont *tenus* de faire des poursuites sur la *plainte* des particuliers ; et nous avons pensé, que la partie publique n'y est tenue,

qu'autant qu'elle reconnaît, que le fait porté dans la
plainte, constitue un délit assez grave, pour exciter
son zèle dans l'intérêt de la société : mais cette so-
lution devient-elle applicable au cas où c'est l'une
des Chambres qui donne l'autorisation d'exercer
des poursuites ? Il y a même raison de décider; car
il n'y a que le mot de changé, et la simple *autorisation* qui est donnée de faire une chose, n'est pas
un *commandement* de la faire ; l'autorisation con-
fère bien le pouvoir; mais elle n'emporte pas une
obligation. Cette opinion nous paraît être d'autant
mieux fondée, que nous lisons dans le rapport qui
fut fait à la Chambre des Pairs, sur le projet de loi:
« que l'exercice du ministère public, quant aux dé-
» lits causés par la presse, exigera dans les magis-
» trats beaucoup de mesure et de réserve, et même
» de sagacité; qu'il est à désirer, qu'il est même né-
» cessaire, pour l'ordre social, *pour le gouverne-
» ment surtout,* que les procès auxquels donnera
» lieu, l'usage de la presse, soient *rares;* mais qu'il
» est surtout, d'une grande importance qu'ils soient
» *justement intentés* et justifiés par le succès ; que,
» si d'un côté, il faut arrêter et réprimer la licence,
» il est aisé de pressentir le tort que ferait au Gou-
» vernement, des attaques trop fréquentes, témé-
» raires et infructueuses : autant sera utile pour la
» société, pour les mœurs, la condamnation d'un
» ouvrage *reconnu dangereux,* la proscription de
» tout principe destructeur; autant seraient mau-
» vaises *des poursuites purement vexatoires* et
» qui n'auraient pour mobile *que l'esprit de parti.*
» Dans le premier cas, *l'opinion publique sou-*

» *tiendra le magistrat poursuivant,* de son con=
» cours, de ses éloges, de sa reconnaissance; dans
» le cas contraire, *tout l'intérêt sera pour l'ac-*
» *cusé;* et vous n'ignorez pas, messieurs, continue
» l'orateur, *dans quel danger se place l'autorité,*
» quand ceux qu'elle poursuit, *sont d'avance ab-*
» *sous par le public.* »

En ordonnant l'impression de ce rapport, et en
rendant un aussi solennel hommage à *l'opinion
publique,* la Chambre des Pairs a donné l'exemple
d'une profonde sagesse ; car si l'opinion publique
peut être un instant comprimée, elle finit tôt ou tard
par triompher de tous les obstacles : trop d'exemples ont prouvé, dans tous les temps, qu'on ne peut
la braver impunément, que l'on se dissimulerait en
vain l'influence qu'elle doit nécessairement exercer.

Quelques publicistes ont bien prétendu que c'est
au gouvernement *seul* qu'il peut appartenir de FOR-
MER *l'opinion publique;* que les gouvernemens
ne doivent pas se laisser *conduire* par elle ; mais
cela n'est vrai que dans le sens, que les gouvernemens doivent user de tous les moyens qu'ils ont en
leur pouvoir, pour la *diriger* dans l'intérêt *général*
de la société; ils entreprendraient en vain de la *former* en *opposition* aux intérêts *de la masse des
citoyens,* dans le seul intérêt de quelques *privilé-
giés;* car l'intérêt est l'âme des actions, et l'opinion
publique se formera toujours conséquemment dans
l'intérêt de la *majorité.*

v. Il pouvait être permis de douter, avant que la
loi fût rendue, si l'on devait autoriser des poursuites

en justice, pour prétendues offenses envers les Chambres; les Chambres sont, en effet, placées dans un rang si élevé, que des offenses, par la voie de publication, ne peuvent les atteindre : autoriser des poursuites, en pareil cas, c'est exposer les chambres au désagrément de voir prononcer l'acquittement de l'individu qu'elles ont dénoncé; car, qui peut *condamner,* peut *absoudre,* et c'est à des tribunaux indépendans, ou du moins qui doivent l'être, à juger du mérite de l'action (1).

Ni M. le garde des sceaux, ni le rapporteur de la commission de la Chambre des Députés, ne se dissimulèrent le danger de la faculté, que la loi laisse aux Chambres, d'autoriser des poursuites en pareil cas ; et même, sous d'autres rapports encore, que ceux que nous venons de signaler. « Quand à la répression des » attaques envers les Chambres, disait M. le garde » des sceaux, il est nécessaire DE PRÉVENIR L'AS- » CENDANT *qu'une majorité devenue constante,* » exercera *sur le gouvernement* et par là, *sur l'ac-* » *tion du ministère public.* Dans la meilleure » direction, cette *majorité* aura encore besoin de

---

(1) Je m'occupais de la correction des épreuves de cette feuille, lorsque j'ai appris que, par arrêt du 23 juin, la Cour d'assises de Paris venait de prononcer l'acquittement du rédacteur d'un article de la *Quotidienne,* que la Chambre des Pairs avait considéré comme offensant pour elle, et dont elle avait autorisé la poursuite d'office, par une délibération spéciale prise en assemblée générale; de sorte que nos craintes n'ont pas tardé de se réaliser; ce qui doit convaincre de la nécessité, toutes autres circonstances à part, de rapporter l'article 11 de la loi du 17 mai, et l'article 2 de celle du 26.

» contrôle et d'une *presse libre* ; mais ce contrôle
» *toujours plus ou moins incommode au pouvoir,*
» paraîtrait d'autant plus incommode à cette *ma-*
» *jorité*, qu'elle *s'égarerait davantage*, et entraî-
» nerait avec elle *le gouvernement plus loin de*
» *l'intérêt et du voeu général :* dans une telle situa-
» tion , cette majorité pourrait être tentée de
» devenir *oppressive,* d'imposer silence à une salu-
» taire *opposition.* »

M. Cassaignoles ajoutait : « Il serait possible
» qu'une MAJORITÉ TYRANNIQUE s'irritant *contre*
» *la liberté de la presse* qui dévoilerait *ses excès*
» *ou ses entreprises*, conçût la pensée de *l'oppri-*
» *mer* par des poursuites *judiciaires :* qu'on sup-
» pose *le gouvernement soumis à son ascendant,*
» et *tout* lui sera *facile ;* bientôt les écrivains les
» plus courageux seront traduits devant les tribu-
» naux, et la liberté sera *fortement compromise.* »

M. le garde des sceaux et le rapporteur de la
commission crurent, il est vrai, trouver un remède
ou plutôt un paliatif à ces inconvéniens, dans *l'au-*
torisation qui doit être donnée, par la réunion des
membres de la Chambre, après une discussion solennelle. « Il faut, en effet, a dit M. le garde des sceaux,
» *qu'une délibération solennelle* de la Chambre
» qui se croit offensée, *précède la poursuite ;* que
» la *minorité* de la Chambre *puisse être entendue*
» dans la discussion ; que *l'opinion publique* puisse
» se prononcer ; avec cela, *il sera bien difficile*
» que la poursuite ait lieu autrement que dans des
» *cas suffisamment graves :* il sera impossible d'en
» user *contre la liberté.* » Ce que M. Cassaignoles

a répété à peu près dans les mêmes termes, en allé-
guant que : « Dès-lors qu'aucune poursuite *ne peut*
» avoir lieu sans qu'une délibération de la Chambre
» ait *précédé*, la crainte *cesse ou s'affaiblit* sen-
» siblement, puisque la discussion ne pourra man-
» quer de faire jaillir la vérité ; que la nation sera
» *avertie* du danger dont ses libertés seront *mena-*
» *cées*, et que l'ascendant du vœu national forcera
» la majorité *oppressive* à respecter ses limites. »

Tout cela, sans doute, peut être très beau en spé-
culation ; mais d'abord, quel sera le moyen qu'em-
ploiera la *minorité* pour faire entendre sa voix?
Supposât-on que la discussion dût s'établir, en
séance *publique*, ce qui ne pourrait arriver qu'à la
Chambre des Députés, *la question préalable, l'or-*
dre du jour, la clôture de la discussion demandée, proclamée, viendraient bientôt imposer silence à la *minorité*, et il en serait de même,
si c'était la *majorité* de la Chambre qui voulût
autoriser des poursuites, contre des écrivains courageux, qui lui auraient imputé, même avec raison,
d'avoir compromis les intérêts du trône et de la
liberté ; et comment préviendrait-on alors l'ascendant que cette majorité *exercerait sur le gouverne-*
ment, et par là, sur l'action du ministère public?
Les attentats qui se commirent dans le midi de la
France en 1815 et 1816, se seraient-ils aussi long-
temps perpétués, si la voix de l'honorable M. d'Ar-
genson n'avait pas été étouffée? Quels seraient alors
les moyens dont userait la nation, pour forcer *une*
majorité oppressive et tyrannique à respecter ses
droits? Que ferait-elle, même lorsqu'elle serait aver-

tie, *par une minorité constitutionnelle,* des dan-
gers dont elle verrait menacés le trône et ses libertés|?
Usera-t-elle de la voie que lui ouvre la Charte, de
présenter des pétitions ? La majorité s'empressera
de passer à l'ordre du jour; les pétitionnaires
seront signalés par elle, comme des factieux; le
contrôle de sa conduite paraîtra d'autant plus *incommode* à cette majorité, *qu'elle s'égarera davantage.* M. le garde des sceaux, ni le rapporteur de
la commission n'ont eu certainement la pensée,
que l'insurrection devînt alors un devoir ! Le
trône, la nation entière, pourraient se trouver
en danger de périr, sans qu'il leur restât aucun
moyen de salut sous l'empire d'une majorité factieuse;
tandis qu'il ne pourrait y avoir aucun inconvénient
vraiment grave à laisser aux écrivains toute latitude à cet égard: il en résulterait même le bien inap-
préciable de retenir dans le devoir, les Chambres qui
pourraient être tentées de s'en écarter ; ce qui n'arrivera, sans doute, jamais; mais, ce qui suffit qui
puisse arriver, pour que la loi doive le prévoir et aviser aux moyens de le prévenir. (1)

---

(1) Il serait facile de diminuer les causes de cette nature , en
profitant de l'établissement momentané du conseil de censure,
institué par l'ordonnance du Roi du 1er avril 1820: pour n'autoriser des poursuites devant les tribunaux, sur prévention d'abus
de la liberté de la prese, qu'au cas où l'ouvrage incriminé aurait
été soumis à l'examen préalable de ce conseil; et que, lorsqu'à
la majorité de six voix au moins, il aurait déclaré que, dans son
opinion, il y a prévention suffisante du délit de provocation,
d'offense , de diffamation ou d'injure punissables , ayant un ca-

v. Quoique l'article 5 n'ait parlé *nominativement* que de la *plainte*, en exigeant qu'elle fût *motivée*, sous peine de *nullité* ; sa disposition est nécessairement applicable au cas *d'une autorisation* qui tient lieu de plainte.

ARTICLE III.

Dans le cas du même délit contre la personne des souverains et celle des chefs des Gouvernemens étrangers, la poursuite n'aura lieu que sur la plainte ou à la requête du souverain ou du chef du Gouvernement qui se croira offensé.

I. Ce n'est plus une simple *autorisation* que l'article 3 exige; il doit y avoir eu *plainte portée* ou *action exercée* à la requête du souverain ou du chef du gouvernement étranger qui se prétend offensé.

II. La plainte doit être portée et l'action exercée au nom *personnel* du souverain ou du chef du gouvernement étranger qui en demande la réparation; elle ne serait pas recevable, si elle l'était au nom ou à la requête des ambassadeurs ou chargés d'affaires de cette puissance.

---

ractère assez grave, pour en exiger une réparation en justice. On pourrait laisser la faculté de la saisie préalable de l'ouvrage, lorsque la publication pourrait en paraître dangereuse ; mais sans qu'il pût y être donné suite, avant que le conseil eût prononcé ; i aurait du moins alors, une présomption de culpabilité qui n peut résulter de la simple opinion de l'officier du minister public, qui peut être entraîné par les circonstances ou par u zèle mal entendu.

III. Il ne suffirait pas non plus d'une simple *autorisation*, d'une simple *réquisition*, d'une simple *dénonciation;* il faut une *plainte* ou des poursuites *directes;* mais dans le cas de poursuites directes, le souverain ou le chef du gouvernement étranger qui introduirait l'action à sa requête, ne pourrait l'exercer que par la voie civile : pour saisir le tribunal correctionnel, la plainte est de rigueur; la nouvelle loi déroge, en ce point, pour les délits qu'elle prévoit et qu'elle réprime, aux dispositions de l'article 182 du Code d'instruction criminelle.

IV. L'article que nous discutons est de pure convenance, car les souverains sont placés si haut, que l'on ne peut supposer, qu'ils se décident jamais à descendre dans l'arêne avec les écrivains dont ils croiraient avoir à se plaindre; le souverain saurait mépriser l'injure ou la pardonner; car, *il est trop au-dessous d'un roi de s'amuser à punir un misérable;* ce fut la réponse que fit un prince devenu fameux dans l'Histoire, à des courtisans qui l'engageaient à faire poursuivre l'auteur d'un libelle abominable qu'il avait publié contre son souverain; ce qui ne doit pas cependant être un véhicule pour offenser les souverains étrangers.

ARTICLE IV.

Dans les cas de diffamation ou d'injure contre les cours, tribunaux, ou autres corps constitués, la poursuite n'aura lieu qu'après une délibération

de ces corps, prise en assemblée générale et ré-
quérant les poursuites.

i. Lorsque les cours, tribunaux et autres corps
constitués prétendent avoir été *diffamés ou inju-*
riés, ce n'est pas sur une simple *autorisation* de
leur part, que des poursuites d'office peuvent être
faites : ce n'est pas non plus une *plainte* que la loi
exige, il leur suffit d'une simple *réquisition ;* mais
la *réquisition* ne peut avoir plus de force que
l'autorisation ou la *plainte ;* elle n'impose pas
l'obligation à la partie publique de commencer
des poursuites, elle ne fait que la restituer dans le
droit d'en requérir.

ii. Pour que la *réquisition* puisse autoriser des
pousuites d'office, elle doit avoir été délibérée *par*
le corps en assemblée générale ; ce qui doit être
constaté par un procès-verbal régulier, dont une
expédition doit être jointe à la *réquisition,* dès que
ce n'est qu'en vertu d'une délibération ainsi formée,
qu'il peut être fait des poursuites : il faut de plus, que
la réquisition ait été faite dans le délai fixé par l'article 29.

iii. L'article 4 ne dispose qu'à l'égard des cours,
tribunaux et autres *corps* constitués, ce qui est *ex-*
clusif de tous agens du gouvernement qui ne forment
pas des *corps ;* et ce qui est d'autant plus à remarquer, que cet article ne restreint pas le droit de
requérir, au seul cas où les cours, tribunaux et
autres corps constitués auraient été diffamés ou injuriés, *à raison de faits relatifs à leurs fonctions;*

restriction mise par l'article 16 de la loi du 17 mai, aux poursuites autorisées de la part de tous *autres dépositaires ou agens de l'autorité publique.*

ARTICLE V.

Dans le cas des mêmes délits contre tout dé-positaire ou agent de l'autorité publique, contre tout agent diplomatique étranger, accrédité près du Roi, ou contre tout particulier, la poursuite n'aura lieu que sur la plainte de la partie qui se prétendra lésée.

I. Il n'est plus question ici *d'autorisation* ni de *réquisition;* il faut qu'il y ait *plainte* portée au nom de la personne qui prétend avoir été diffamée ou injuriée ; quelle le soit dans une forme *légale,* c'est-à-dire, qu'elle soit signée de la *partie plai-gnante* ou *d'un fondé de sa procuration spéciale;* et que la procuration soit annexée à la plainte, aux termes des articles 31 et 65 du Code d'instruction criminelle : mais la plainte est recevable, au cas même de *simple injure,* l'article 5 disposant rela-tivement aux *mêmes délits* que ceux mentionnés dans l'article précédent.

II. Les personnes dénommées dans l'article 5 qui auraient porté plainte, ne seraient pas recevables à traduire celui contre lequel elles l'auraient rendue, devant les tribunaux correctionnels ou de police, si la partie publique refusait d'y donner suite ; cet article portant, *que la poursuite n'aura lieu que sur leur plainte,* sans ajouter, comme l'a fait l'article 2, que le plaignant pourrait introduire l'action *à sa requête :* mais rien ne peut le priver de l'exercice de son action, par la voie *civile.*

III. L'injure aurait été faite à un dépositaire ou agent de l'autorité publique, que si elle ne renfermait pas l'imputation *d'un vice déterminé,* et que si elle n'avait pas été *publique,* l'affaire rentrerait dans les attributions du tribunal de police, par suite des dispositions de l'article 20 de la loi du 17 mai ; cet article ne faisant pas la même restriction que l'article 19.

IV. La *plainte* doit être *motivée ;* cela résulte des dispositions de l'article 6, qui exige impérieusement, que les faits qui la constituent y soient *articulés et qualifiés,* sous peine de *nullité ;* d'où suit que, si la plainte n'avait ni articulé ni qualifié les faits de diffamation ou d'injure qui en auraient été le prétexte, non-seulement la partie publique serait autorisée à n'en pas faire la poursuite, mais il lui serait même interdit d'en faire.

V. Le nommé Dervaux avait rendu plainte, pour fait *d'injures,* au ministère public, qui avait traduit en conséquence, la femme Rivière devant le tribunal correctionnel de Civrai, et le tribunal l'avait condamnée à 10 fr. d'amende et aux dépens, pour tenir lieu de dommages-intérêts : Dervaux s'était *seul* rendu appelant du jugement, et cependant, la Cour royale de Poitiers avait aggravé la peine ; attendu que, du moment qu'il y avait eu plainte portée, le ministère public devenait partie nécessaire, même

en cause d'appel, quoiqu'il ne se fût pas personnellement rendu appelant; mais son arrêt fut cassé le 13 avril 1820, « attendu que, si d'après l'article 5
» de la loi du 26 mai 1819, la poursuite pour délits
» de diffamation ou d'injure envers un particulier,
» ne peut avoir lieu, que sur la plainte de la partie
» qui se prétend lésée, cette disposition dérogatoire
» au droit commun, qui attribue au ministère public
» le droit de poursuivre tout délit directement ou
» d'office, ne peut être étendu au-delà de ses ex-
» pressions : qu'elle interdit seulement au ministère
» public d'exercer son action avant qu'il ait reçu l'im-
» pulsion par une plainte de la partie lésée ; mais
» que lorsque cette plainte a été portée, il rentre
» dans la plénitude de ses attributions ; qu'il peut
» conséquemment appeler du jugement qui y a
» statué, comme faire tous actes de poursuites
» autorisés par la loi ; que *le défaut d'appel* du
» ministère public, dans l'espèce, avait donc été
» *volontaire*, etc. »

ARTICLE VI.

La partie publique, dans son réquisitoire, si elle poursuit d'office, ou le plaignant, dans sa plainte, seront tenus d'articuler et de qualifier les provocations, attaques, offenses, outrages, faits diffamatoires ou injures, à raison desquels la poursuite est intentée, et ce, à peine de nullité de la poursuite.

I. Nous avons anticipé, dans nos précédentes ob-

servations, sur ce que nous avions à dire sur cet article, en annonçant que la plainte ne pourrait investir la partie publique du droit de poursuivre d'office, si les faits prétendus diffamatoires ou injurieux ne s'y trouvaient pas *articulés* et *qualifiés*, attendu que ce qui est nul ne peut produire aucun effet.

Nous avons dû ajouter que *l'autorisation*, la *réquisition* n'étant que des modes particuliers de *plainte*, doivent contenir, ainsi que la plainte, l'articulation et la qualification des faits de diffamation et d'injure, pour qu'elles puissent donner lieu à des poursuites d'office.

II. L'article 6 porte bien aussi, que le *réquisitoire* de la partie publique doit *articuler et qualifier* les faits, à raison desquels elle exerce les poursuites, sous peine de *nullité;* mais la partie publique les articule, elle les qualifie suffisamment, lorsqu'elle joint à son réquisitoire, l'autorisation, la réquisition ou la plainte, et qu'elle déclare s'y référer. Si la partie publique n'entendait s'y référer qu'en partie, ce qu'il lui serait très loisible de faire, elle devrait s'en expliquer catégoriquement, et ne soumettre à l'appréciation des tribunaux, que les faits qui se trouveraient mentionnés dans son réquisitoire ; mais, sous aucun prétexte, la partie publique ne pourrait être autorisée d'agrandir le cercle qui lui aurait été tracé par la plainte, l'autorisation, la permission ou la réquisition qui aurait mis son ministère en action.

III. Lorsque la partie publique agit d'office sans

qu'elle ait eu besoin d'y être stimulée par une plainte, une autorisation, une permission ou une réquisition, rien ne peut remplacer, dans son réquisitoire, *l'articulation et la qualification des faits* qui font l'objet des poursuites.

IV. Ce ne serait pas exécuter l'article 6 dans son véritable sens, que de se borner à déclarer, dans la plainte ou le réquisitoire, qu'il résulte de *tel écrit* et même de *telle page* de cet écrit, une offense, une diffamation ou injure, et que l'offense, la diffamation ou l'injure que l'on signale, rentre dans la disposition de *tel article de la loi;* il faut que le FAIT soit *articulé,* c'est-à-dire, *précisé* de manière qu'à la simple *lecture* de la plainte ou du réquisitoire, on puisse se convaincre qu'il y a prévention d'une véritable provocation, offense, diffamation ou injure *punissable.*

V. Mais la nullité que prononce l'article 6 est-elle *absolue,* dans le sens que, le plaignant et la partie publique ne puissent renouveler leur plainte ou réquisitoire en se conformant, dans le nouvel acte, à ce que prescrit la loi? Si le délai fixé par l'article 29 était expiré, avant que la nouvelle plainte eût remplacé la première, il y aurait une fin de non-recevoir insurmontable à opposer contre les poursuites; mais il y aurait plus de difficulté, si la prescription de l'action n'était pas encore acquise : notre opinion serait que, dans cet état de choses, il faudrait distinguer le cas où il y aurait eu des poursuites commencées, de celui où il n'en aurait encore été fait aucune; et dire que, dans le premier, la nullité devrait être considérée comme *absolue*, la nullité devant avoir alors la force d'un jugement d'acquit; et que, dans le second au contraire, la plainte et le réquisitoire pourraient être valablement rectifiés, toutes les choses étant encore entières.

Avant que d'intenter son action, le poursuivant doit se mettre en règle : il sait ce que la loi commande, il doit s'y conformer.

Ce que nous disons ici ne peut recevoir, au surplus, d'application qu'à la poursuite des simples *délits*. S'il y avait prévention de *crimes*, l'article 6 deviendrait *inapplicable*, quant à la peine de *nullité* qu'il prononce : si la chambre du conseil et la chambre d'accusation ne trouvaient pas la plainte et le réquisitoire suffisamment motivés, elles détermineraient elles-mêmes les faits qui leur paraîtraient résulter, à la charge du prévenu, des pièces de l'instruction ; et ce serait sur cette indication que les débats devraient s'ouvrir à la Cour d'assises.

ARTICLE VII.

Immédiatement après avoir reçu le réquisitoire ou la plainte, le juge d'instruction pourra ordonner la saisie des écrits, imprimés, placards, dessins, gravures, peintures, emblèmes ou autres instrumens de publication.

L'ordre de saisir et le procès-verbal de saisie seront notifiés, dans les trois jours de ladite

*saisie, à la personne entre les mains de laquelle
la saisie aura été faite, à peine de nullité.*

I. Cet article semble supposer que le juge d'instruction peut être saisi par le *réquisitoire* ou par
la plainte, ce qui tendrait à faire penser, que le
plaignant pourrait adresser directement sa plainte
au juge d'instruction, sans user de l'*intermédiaire*
de la partie publique ; mais l'intention de la loi est
évidemment contraire à cette application. Tout ce
qui peut résulter des dispositions de l'article 7, c'est
que, lorsqu'il y a plainte, la partie publique qui l'a
reçue peut se borner à en faire un simple renvoi au
juge d'instruction, sans y ajouter de réquisitoire
motivé ; ce qu'elle se bornera toujours à faire, lorsqu'elle adoptera, sans réserve, tous les faits de la
plainte, et qu'elle en voudra faire la poursuite. Le
législateur n'a pas voulu qu'il fût fait des attaques
trop fréquentes, téméraires et infructueuses,
et il n'avait pas d'autres moyens à employer, pour
parvenir à cette fin, que de soumettre les plaintes
de cette nature à l'examen préalable et réfléchi des
officiers du ministère public.

II. L'article 6 *autorise* le juge d'instruction à
ordonner la saisie de l'écrit et de tous autres instrumens de publication ; mais il ne le lui *ordonne*
pas : c'est un droit purement *facultatif* que la
loi lui délègue, et dont ce magistrat ne doit user
qu'avec circonspection ; d'où suit que, ce ne peut
être un acte de simple style et de pure forme : il
aurait été dès-lors à désirer, que l'article 6 eût
ajouté l'injonction au juge d'instruction, de motiver

son ordonnance et même de l'écrire de sa propre main; afin que l'on fût assuré qu'elle a été véritablement son ouvrage, et non pas celui d'un simple commis, à qui, sans doute, le législateur n'a pas voulu confier l'initiative, ni la rédaction d'un acte de cette importance.

III. L'autorisation de saisir les *instrumens de publication*, ne peut emporter celle de saisir *les presses* qui ont pu servir au tirage de l'écrit dénoncé, ni les *caractères* qui ont pu servir à l'impression de l'ouvrage, lorsqu'ils ont été rétablis dans leurs cases respectives : les saisir, ce serait un acte *vexatoire*, en ce qu'il serait sans objet d'utilité réelle. Il faut en dire de même des *pinceaux, palettes, couleurs* et *poinçons* dont le peintre ou le dessinateur aurait fait usage pour peindre ou pour graver les tableaux, dessins ou emblêmes dont la saisie serait ordonnée; mais il devrait en être autrement, des *planches* et autres instrumens de fabrication qui pourraient reproduire à volonté l'ouvrage saisi, s'ils n'étaient pas mis sous la main de justice.

IV. L'article 6 n'exige pas que la partie, sur laquelle est faite la saisie y soit appelée; par la raison que, si elle était prévenue qu'il dût y être procédé, elle pourrait faire disparaître les objets dont la saisie aurait été ordonnée; mais si la partie se trouvait *présente*, elle ne pourrait être éconduite; et si elle avait à faire quelques observations, l'officier public, chargé de procéder à la saisie, ne pourrait refuser de les consigner dans son procès-verbal.

v. La loi ne s'explique pas sur la qualité de l'officier qui peut être chargé de procéder à la saisie : n'y a-t-il que les officiers ministériels qui en aient le droit? Nous avons connaissance d'un arrêt rendu sous l'ancienne législation, qui déclara nul un procès-verbal de saisie de la nature de celle-ci, qui avait été fait par un simple agent de police.

S'il faut se livrer à des recherches dans la maison de la partie saisie, l'officier, quel qu'il soit, qui y procède, doit se faire assister du juge de paix ou d'un commissaire de police, et lui faire signer son procès-verbal.

Mais quel que soit l'officier qui procède à la saisie, ne doit-il pas se faire assister de témoins? Il est à remarquer qu'il s'agit ici d'une *saisie-exécution;* et l'article 585 du Code de procédure, exige que l'officier ministériel qui procède à une pareille saisie, soit assisté *de deux témoins,* non parens ni alliés de la partie ou de l'huissier. L'observation de cette formalité est d'autant plus importante, que les exploits de saisie n'emportent pas, par eux-mêmes, jusqu'à inscription de faux, la preuve de ce qu'ils contiennent; et que la partie saisie venant à *nier,* que les effets saisis l'eussent réellement été sur elle, sa *dénégation* suffirait pour détruire l'*allégation* de l'officier qui aurait procédé à la saisie; car, pour condamner, il ne suffit pas d'une allégation, il faut une preuve.

vi. On ne trouve nulle part, écrit dans la loi,

qu'aucun autre fonctionnaire public, que le juge d'instruction ait le droit d'ordonner la saisie, ni même, que le juge d'instruction ait le droit de l'ordonner sans y avoir été *provoqué;* cependant, si l'on ne nous a pas trompé dans les rapports qui nous ont été faits, il serait arrivé quelquefois, que des agens de police auraient fait de pareilles saisies, de leur propre autorité, sans même assez souvent en avoir dressé de procès-verbaux.

Ils en auraient dressé, qu'ils n'en auraient pas moins commis une usurpation de pouvoir; car ce n'est pas pour les y autoriser, que l'article 7 accorde trois jours, pour faire la notification du procès-verbal de saisie à la personne entre les mains de laquelle il y a été procédé : la loi n'a pas supposé qu'une ordonnance portant permission de saisir, qui aurait été rendue *postérieurement* à la saisie effectuée, pût la valider ; cela aurait eu des inconvéniens trop graves.

Il n'y en a pas de moindres, à la vérité, dans le délai de trois jours qui est accordé pour notifier le procès-verbal de saisie ; car c'est un moyen dont le rédacteur du procès-verbal pourrait abuser pour en changer les élémens: mais on les évitera jusqu'à un certain point, en restreignant l'application de l'article 7 à la rigueur de ses expressions; et en disant, que si la loi accorde trois jours pour notifier le procès-verbal de saisie à la personne *entre les mains* de laquelle la saisie a été faite, cela ne dispense pas de le notifier, à l'instant même de sa rédaction, à la partie intéressée ; car aujourd'hui, les procès de

ce genre, se font simultanément à la personne et à
la pièce.

VII. Mais dans le cas de *nullité* de la saisie,
pourrait-elle être renouvelée ? On jugeait l'affirmative sous l'empire de la loi du 9 novembre 1815 ;
mais alors la saisie pouvait être *préventive,* tandis
qu'elle ne peut être aujourd'hui que *répressive ;*
de sorte que, ce qui se jugeait sous l'empire de cette
loi, ne peut avoir aucune influence sur ce qui doit
se juger sous celui des nouvelles lois ; et nous
croyons pouvoir même dire, qu'il faudrait juger
absolument le contraire, si l'occasion s'en présentait ; car si la saisie nulle pouvait être renouvelée,
il faudrait qu'elle pût l'être au cas mentionné dans
l'article 11, comme dans tous les autres, ce qui serait
une absurdité.

Si la saisie nulle pouvait être renouvelée, ce
serait sans utilité réelle que la nullité en aurait été
prononcée. Lorsque le saisissant ne se pourvoit pas
dans le délai qui est fixé, la loi suppose qu'il a reconnu son erreur, le mal fondé de son action ; elle
autorise par le fait, l'auteur de l'ouvrage à le propager ; et ce qu'elle a autorisé, elle ne pourrait plus
le défendre sans tomber en contradiction avec
elle-même. La renonciation aux poursuites résulte,
nécessairement, de ce que le saisissant n'a pas rempli les formalités prescrites pour autoriser son action ; elle équivaut à un jugement d'acquit, *et non
bis in idem.* Ce serait autoriser le saisissant à se
jouer de la loi, que de lui permettre de réitérer la
saisie, lorsqu'il aurait laissé s'anéantir, de plein

gré , celle à laquelle il aurait d'abord fait procéder :
aussi, lorsque la loi a cru devoir permettre qu'il
fût procédé à de nouvelles saisies, s'en est-elle clairement expliquée, comme cela se voit dans l'article 27
de la présente loi : *qui de uno dicit, de altero
negat.*

VIII. La nullité a lieu *de plein droit* par défaut
de notification de la saisie dans le délai fixé : l'article
ne le dit pas en termes exprès; mais il le suppose
nécessairement : le législateur n'a pas voulu que
le saisi fût tenu de faire aucun frais, pour faire prononcer une nullité qui ne peut être couverte par
aucun acte subséquent ; d'où suit que, cette nullité
devrait même être prononcée d'office, dans le cas
où le saisissant aurait la témérité de donner suite à
son action, lors même que la partie saisie serait
défaillante. Si les mots *de plein droit* qui ne se lisent
pas dans l'article 7 ont été ajoutés à l'article 11,
c'est qu'il ne s'agissait pas dans cet article 11 d'une
nullité, mais d'une simple *péremption ;* et que,
dans les principes du droit, la péremption doit être
demandée, pour être accueillie, *avant* la reprise de
l'instance; principes auxquels le législateur a voulu
déroger, et il fallait qu'il s'en expliquât d'une manière à ne laisser aucun doute.

ARTICLE VIII.

*Dans les huit jours de ladite notification, le
juge d'instruction est tenu de faire son rapport
à la chambre du conseil, qui procède ainsi qu'il*

est dit au Code d'instruction criminelle, livre Ier,
chapitre IX, sauf les dispositions ci-après.

I. C'est de la notification qui doit être faite *à la*
personne, entre les mains de laquelle il a été pro-
cédé à la saisie, que commence seulement à courir la huitaine, que l'article 8 accorde au juge d'instruction, pour faire le rapport de l'affaire à la
chambre du conseil; et non pas du jour de la notification qui a dû être faite au prévenu lui-même,
au moment de la saisie ; ce qui aurait pu laisser un
laps de temps trop court au juge d'instruction pour
préparer son rapport. Cet article ne prononce pas
la peine de *nullité,* pour le cas où le juge d'instruction ne se serait pas conformé à sa disposition ; mais
le juge d'instruction animé du zèle, que tout fonctionnaire public doit mettre à remplir les devoirs de
sa charge, ne négligera pas, sans doute, de les
remplir ; cependant il aurait peut-être mieux valu
attacher une peine à l'inobservation de ce commandement de la loi ; on aurait été plus assuré qu'elle
aurait reçu son exécution.

II. Dans l'intervalle de temps que la loi accorde
au juge d'instruction pour faire son rapport, il doit
entendre les témoins, interroger le prévenu et faire
tous les actes préliminaires de l'instruction, afin que
la chambre du conseil puisse prendre, sur son rapport, une détermination, en connaissance de cause.

III. Il n'aurait été procédé à aucune saisie, que
le juge d'instruction ne devrait rien négliger pour
que son rapport pût être fait le plus promptement

possible : le chapitre 9, livre Ier du Code d'instruction criminelle lui en fait un devoir impérieux dans
tous les cas.

ARTICLE IX.

*Si la chambre du conseil est unanimement
d'avis qu'il n'y a pas lieu à poursuivre, elle
prononce la main-levée.*

1. Ce n'est que, lorsque la chambre du conseil est
unanimement d'avis qu'il n'y a pas lieu de suivre,
qu'elle doit prononcer *la main-levée de la saisie;*
dans le cas de prévention, même de simple *délit;*
ce qui ajoute encore à la sévérité du Code d'instruction criminelle, qui n'exige *l'unanimité* des suf-
frages, que dans le cas de prévention de *crimes;*
disposition cependant, que tous les criminalistes re-
gardaient déjà comme étant d'une rigueur excessive
et contraire à toutes les idées reçues, en faisant prévaloir l'avis de la *minorité* sur celui de la *majorité.*

Il n'est question, à la vérité, dans l'article 133
du Code d'instruction criminelle, ni dans l'article 9
de la présente loi, de prononcer d'une manière définitive, la condamnation du prévenu; mais de savoir
seulement s'il y a lieu de le mettre en jugement :
ne faut-il donc compter pour rien toutes les
angoisses qui sont le résultat nécessaire d'un procès
criminel; tous les frais, en pure perte, que les poursuites peuvent occasionner; toutes les démarches
qu'elles obligent le prévenu de faire pour sa défense;
le tort qui peut en résulter, dans l'intérêt de sa réputation et de son commerce ? Est-ce là réputer le pré-

venu *innocent* jusqu'à sa condamnation? N'est-ce pas au contraire le supposer coupable, et cela, sous le frivole prétexte, qu'une *seule* voix s'est élevée contre lui dans la chambre du conseil, à l'appui de la prévention.

II. La sévérité de l'article 9 ne doit pas être étendue *par analogie,* à d'autres cas que celui qui s'y trouve précisé ; ce ne sera donc, que dans le cas de *saisie* que la minorité fera la loi à la majorité ; l'article ne dispose, en effet, que pour le cas où il s'agit d'accorder ou de refuser la main-levée de saisie : ce cas excepté, tout doit rentrer, par la seule force des choses, sous l'empire du droit commun.

ARTICLE X.

Dans le cas contraire, ou dans le cas de pourvoi du procureur du Roi ou de la partie civile contre la décision de la chambre du conseil, les pièces sont transmises, sans délai, au procureur-général près la cour royale, qui est tenu, dans les cinq jours de la réception, de faire son rapport à la chambre des mises en accusation, laquelle est tenue de prononcer dans les trois jours dudit rapport.

1. L'article 10 autorise le procureur du Roi et *la partie civile* à se pourvoir contre la décision de la chambre du conseil, lors même que la main-levée de la saisie aurait été prononcée à *l'unanimité :* l'affaire alors doit être portée devant la Cour royale, chambre d'accusation.

Mais il faut que, pour être recevable, dans son op-

position, à l'ordonnance de la chambre du conseil,
le *plaignant* se soit rendu *partie civile ;* car l'article
a restreint le droit qu'il accorde à la seule *partie
civile ;* d'où peut naître la question de savoir, si le
plaignant qui ne se serait pas rendu partie civile *avant*
que l'ordonnance fût rendue, serait recevable à prendre cette qualité *depuis* qu'elle l'aurait été, pour se
mettre en droit d'y former opposition. On pourrait
dire, en sa faveur, que dans les principes généraux,
le plaignant peut se rendre partie civile, en tout état
de cause ; mais on pourrait lui répondre, et suivant
nous, avec avantage, que tout est jugé, du moins
provisoirement, et que tout le sera même *définitivement,* si le procureur du Roi ne forme pas opposition à l'ordonnance, ou si son opposition est rejetée. Il ne s'agit pas ici d'une *tierce-opposition,*
mais d'une *opposition,* et une opposition n'est jamais recevable, que lorsqu'elle est formée par l'une
des parties qui étaient en cause.

II. Mais ne serait-ce que dans le cas où la main-
levée de saisie aurait été ordonnée, que le procureur
du Roi et la partie civile seraient recevables à former
opposition à l'ordonnance de la chambre du conseil ?
En d'autres termes, s'il n'y avait pas eu de saisie et que
la chambre du conseil eût déclaré *qu'il n'y a pas
lieu de suivre,* la partie publique et la partie civile
seraient-elles recevables à former opposition à
son ordonnance ? La question est grave : dans les
affaires ordinaires, elles y seraient, sans doute, autorisées, par la disposition générale du Code d'instruction criminelle ; mais il s'agit d'une *matière spé-*

ciale et qui se trouve régie par *une loi spéciale;* et l'article 10 de cette loi n'a disposé, que pour le cas où *la main-levée de saisie* a été prononcée ; ce qui résulte évidemment de ces premiers mots dudit article : *dans le cas contraire.* L'autorisation n'ayant été donnée que *dans le cas contraire,* il semblerait assez naturel de penser, que l'opposition ne serait autorisée que dans ce seul cas ; mais l'article 31 porte que, les dispositions du Code d'instruction criminelle continueront d'être exécutées, lorsqu'il n'y aura pas été *dérogé* par la présente loi ; et l'on ne trouve dans la loi aucune dérogation *formelle* à l'article 135 du Code d'instruction criminelle. Cette dérogation résulterait-elle *implicitement* de la combinaison des articles 9 et 10 ? Il y aurait de bonnes raisons pour soutenir l'un et l'autre système.

III. Nous avons observé que la réserve de se pourvoir contre l'ordonnance de la chambre du conseil, n'était faite qu'à la *partie civile* et non pas au simple *plaignant;* nous devons ajouter, qu'elle n'est faite non plus, *qu'au seul procureur du Roi;* ce qui est conforme aux dispositions du Code d'instruction criminelle, qui n'accorde pas cette faculté *au procureur-général:* comment d'ailleurs, le procureur-général pourrait-il en user, lorsque le pourvoi de la partie publique, pour être recevable, doit être fait *dans les vingt-quatre heures* que l'ordonnance a été rendue ? La chose serait, sans doute, possible, si c'était la chambre du conseil de la ville où siége la Cour royale qui eût prononcé ; mais le droit ne pourrait en être accordé au procureur-général de ce lieu, sans établir en sa faveur, une *exception* qui blesserait l'unité qui doit régner dans la législation et dans les pouvoirs délégués aux divers agens de l'autorité publique.

IV. *La partie civile* doit pareillement faire son pourvoi dans les vingt-quatre heures, la loi nouvelle n'ayant pas dérogé, sur ce point, au Code d'instruction criminelle ; mais, les vingt-quatre heures ne commencent à courir pour elle, que du jour où l'ordonnance de la chambre du conseil lui a été notifiée à son domicile *élu,* aux termes de l'article 135 dudit Code. Si la partie civile n'avait pas fait élection de domicile dans ce lieu, en se fondant sur les dispositions de l'article 24 de la présente loi, qui ne semble l'y obliger *qu'immédiatement après l'arrêt de renvoi,* la notification devrait-elle lui être faite *à sa personne ou domicile réel*, pour faire courir le délai ? Non : il faudrait recourir, dans ce cas, aux dispositions de l'article 68 du Code d'instruction criminelle, et décider, en conséquence, qu'à défaut d'avoir fait élection de domicile, la partie civile ne pourrait opposer le défaut de signification ; et par suite, que les 24 heures accomplies, depuis l'ordonnance rendue, son opposition ne serait plus recevable ; cependant, dans le cas seulement, où la partie civile n'aurait pas son domicile *réel* dans l'arrondissement communal où se fait l'instruction ; car ce n'est qu'alors que l'article 68 exige, qu'elle élise domicile dans le lieu. Le prévenu ne serait pas même tenu de notifier l'ordonnance au greffe, l'article 24 de la présente loi, ne l'ayant ordonné, que pour le seul cas où il est intervenu dans l'affaire, un arrêt de renvoi à la Cour d'assises.

La forme de l'opposition est la même que dans les affaires ordinaires ; nous l'avons indiquée au 1ᵉʳ volume, page 365 de notre Traité *de l'Instruction criminelle.*

v. L'article 10 veut que dans le cas d'opposition, les pièces soient transmises *sans délai* au *procureur-général,* mais sans y attacher aucune peine, sans fixer même aucun terme précis ; le législateur s'en est remis, à cet égard, à la discrétion du procureur du Roi.

vi. Le même article déclare que le procureur général est *tenu,* dans les *cinq* jours de la réception des pièces, de faire son rapport à la chambre d'accusation. Ici, le délai se trouve *fixé;* mais, si le procureur-général n'obtempérait pas au commandement de la loi, quel moyen aurait-on de justifier que ce magistrat n'aurait pas fait son rapport *dans les cinq jours ?*

La chambre d'accusation doit prononcer dans les *trois jours* du rapport.

vii. Lorsqu'une fin de *non-recevoir* a été proposée devant *la chambre d'accusation,* et qu'elle a été *rejetée* par un arrêt, contre lequel il n'y a pas eu *de recours en cassation ;* le prévenu est-il autorisé à la *reproduire* devant la Cour d'assises ? La question se présenta dans la cause de Mᵐᵉ la maréchale Brune contre le sieur Martinville : Mᵐᵉ la maréchale avait rendu plainte en diffamation contre cet écrivain, qui s'était permis de publier des faits diffamatoires contre la mémoire du maréchal; et le sieur Martinville avait prétendu *devant la chambre d'accusation,* que toute action d'injure était déniée par la loi, lorsque la diffamation ne portait que *contre la mémoire des individus ;* système que la chambre d'accusation avait implicitement condamné, en faisant le renvoi de l'affaire devant la Cour d'assises.

Le sieur Martinville proposa de nouveau la même exception devant cette cour, et Mme la maréchale l'y soutint non recevable.

La Cour d'assises n'ayant pas, dans ses attributions, le droit de réformer les arrêts des cours royales, s'en tint à soumettre au jury la question de savoir, si le sieur Martinville était *coupable ;* et le jury le déclara *non coupable,* ce qui mit fin au procès.

Mais si le jury avait déclaré le sieur Martinville *coupable,* et que celui-ci se fût pourvu en cassation contre l'arrêt, la question de *non-recevabilité* se serait nécessairement représentée devant la Cour de cassation, qui aurait eu à la résoudre; mais il y en aurait eu une *préjudicielle,* qui aurait consisté à savoir, si lorsqu'une fin de non-recevoir a été proposée devant la chambre d'accusation, et qu'elle a été rejetée par un arrêt de cette chambre, sans qu'il y ait eu recours en cassation contre son arrêt, la même fin de non-recevoir peut être reproduite devant la Cour d'assises, et puis de nouveau, sur le pourvoi contre l'arrêt définitif.

Il faut distinguer le cas où il y a prévention de

crime, de celui où la prévention ne porte que sur un simple *délit.* Si la prévention porte sur un crime, tout est jugé par l'arrêt de mise en accusation, lorsque l'accusé a reçu l'avertissement ordonné par l'article 296 du Code d'instruction criminelle, et qu'il ne s'est pas pourvu en cassation dans les cinq jours ; mais lorsque la prévention ne porte que sur un *délit,* ce n'est plus la même chose ; le Code d'instruction criminelle n'ayant statué dans ses articles 296 et 299 que sur les préventions de *crimes,* et n'ayant même pu prononcer que sur les préventions de cette nature, les *crimes* seuls ayant été mis par le Code dans les attributions des Cours d'assises.

Si les lois nouvelles renvoient à la connaissance des Cours d'assises le jugement des *délits* qu'elles prévoient et qu'elles punissent, aucun de leurs articles ne déclare commun aux délits les dispositions desdits articles 296 et 299 : d'où l'on doit conclure qu'ils ne sont pas applicables, et par suite, que la fin de non-recevoir qui en résulte, ne peut, sous aucun rapport, être opposée au prévenu de simples délits ; en sorte que le prévenu condamné est nécessairement en droit d'attaquer l'arrêt de renvoi dans sa forme et dans son essence, sur son recours en cassation contre l'arrêt qui a prononcé sa condamnation ; car il faut bien que, d'une manière ou d'une autre, l'arrêt rendu par la chambre d'accusation puisse être soumis à la censure de la Cour de cassation.

Le pourvoi contre l'arrêt de renvoi, avant que la Cour d'assises ait définitivement prononcé, ne serait recevable, de la part du prévenu, que dans le cas où il le motiverait sur l'*incompétence;* il serait alors fondé sur les dispositions de l'article 416 du Code d'instruction criminelle, qui renferme une disposition *générale :* mais pour devenir *suspensif,* il devrait avoir été formé *dans les trois jours* de la signification qui aurait été faite au prévenu de l'arrêt de renvoi. Si le pourvoi avait été exercé dans ce délai, et que la Cour d'assises n'y eût pas déféré; si elle avait établi des débats sur le fond, elle aurait commis un excès de pouvoir, qui emporterait la nullité de son arrêt.

ARTICLE XI.

A défaut par la chambre du conseil du tribu-nal de première instance d'avoir prononcé dans les dix jours de la notification du procès-verbal de saisie, la saisie sera de plein droit périmée. Elle le sera également à défaut par la Cour royale d'avoir prononcé sur cette même saisie dans les dix jours du dépôt en son greffe de l requête que la partie saisie est autorisée à pré senter, à l'appui de son pourvoi, contre l'or donnance de la chambre du conseil. Tous le dépositaires des objets saisis seront tenus de le rendre au propriétaire sur la simple exhibitio du certificat des greffiers respectifs, constata qu'il n'y a pas eu d'ordonnance ou d'arrêt da les délais ci-dessus prescrits.

Les greffiers sont tenus de délivrer ce certifica la première réquisition, sous peine d'une amen de trois cents francs, sans préjudice des do mages-intérêts, s'il y a lieu.

Toutes les fois qu'il ne s'agira que d'un simple délit, la péremption de la saisie entraînera celle de l'action publique.

1. La première disposition de cet article est le corollaire de l'article 8, qui charge le juge d'instruction de faire son rapport dans les huit jours à la chambre du conseil, à partir de celui que la notification de la saisie a été faite.

Le rapport fait, l'article 11 exige que la chambre du conseil rende son ordonnance *dans les dix jours,* à compter de la même époque ; le *onzième jour,* il serait trop tard ; car il n'aurait pas été prononcé *dans les dix jours,* terme de rigueur.

Les dix jours expirés, sans que la chambre du conseil ait prononcé sur la saisie, *elle demeure périmée de plein droit;* et le greffier est tenu d'en délivrer certificat à la partie intéressée, sur la *première réquisition* qui lui en est faite, sous peine d'*amende* et *de dommages-intérêts, s'il y a lieu.* Ces termes, *s'il y a lieu,* ne se rapportent *qu'aux dommages-intérêts; l'amende* est due dans tous les cas, lorsque la réquisition de la partie et le refus du greffier se trouvent être constatés d'une manière *légale.*

A la simple *exhibition* du certificat du greffier, tous dépositaires des objets saisis sont tenus de les rendre au propriétaire. L'article 11 n'ajoute pas que les dépositaires seront tenus de faire cette remise sous peine *de dommages-intérêts;* mais la chose est de droit ; car tout fait quelconque de l'homme qui cause à autrui un dommage, oblige celui, par le fait duquel il est arrivé, à le réparer, article 1382 du Code civil ; et le retard qui peut être apporté à la remise des objets saisis, doit nécessairement porter un préjudice quelconque au propriétaire de ces objets.

Mais le défaut de prononciation *dans les dix jours,* par la chambre du conseil, n'emporte que la déchéance *de l'action publique,* et il ne l'emporte même que dans le cas de simple prévention de *délit:* s'il y avait prévention de *crime,* il n'y aurait que *la saisie de périmée,* ce qui n'empêcherait pas de donner suite à l'exercice de l'action publique.

Nous avons dit qu'il devait avoir été statué, d'une manière *définitive,* par la chambre du conseil, *dans les dix jours;* ce qui résulte éminemment de ces termes de l'article 11, *à défaut* par la chambre du conseil d'avoir *prononcé;* ce qui suppose évidemment qu'il l'aura été sur le sort de la *prévention.*

11. Il suit de ce que l'article 11 ne déclare la déchéance que de *l'action publique,* que la personne qui se prétend lésée, n'en demeure pas moins recevable à poursuivre le prévenu *à sa requête,* lorsqu'elle y est encore recevable sous tous les autres rapports ; mais elle doit alors porter son action devant les tribunaux *civils;* car les tribunaux correctionnels n'ont dans leurs attributions, que les cause qui sont de nature à emporter les peines d'empri sonnement ou d'amende ; et lorsque *l'action pu blique* est éteinte, il ne peut y avoir de peines appliquer ; ce qui exige cependant une explication

car ce serait aller trop loin que d'induire de là,
qu'une cour royale ayant à prononcer sur l'appel
du jugement de *renvoi* du prévenu, rendu par
un tribunal correctionnel, devrait se déclarer in-
compétente, lorsque la partie publique ne s'en
serait pas rendue appelante ; en se fondant sur
ce qu'au cas même de culpabilité du prévenu, il
n'y aurait pas de peines à lui infliger. Dans pareil cas, la justice correctionnelle a été compé-
tamment saisie ; ce qui suffit pour que ce soit,
à la Cour royale, chambre des appels de police
correctionnelle, à prononcer sur l'appel qui est
interjeté du jugement, quoiqu'il ne puisse plus être
question que des intérêts civils des parties.

III. Les mêmes observations appartiennent
à la seconde disposition de l'article 11, comme à
la première : l'une et l'autre prononcent *la main-
levée de la saisie,* sous les mêmes *modifications.*

Ce n'est plus, à la vérité, comme dans la première
disposition, à partir du jour de la *notification de
la saisie* que court le délai de *dix jours ;* mais
cette circonstance est indifférente, la conséquence
du *défaut* de prononciation dans le délai fixé, doit
produire les mêmes effets, dans les deux cas.

IV. L'article 11 suppose que le *prévenu* a le droit
de se pourvoir contre l'ordonnance de la chambre
du conseil ; ce qui est une nouveauté dans la législation : il suppose également, ce qui est d'ailleurs
fondé sur les dispositions du 2ᵉ § de l'article 217 du
Code d'instruction criminelle, que la *partie saisie*

est recevable à présenter des Mémoires *justificatifs* devant la chambre d'accusation ; mais ce n'est pas seulement, lorsqu'elle s'est elle-même pourvue, qu'elle a ce droit ; ce qui pourrait se présumer, si l'on s'attachait judaïquement aux termes dudit article 11 ; elle l'aurait, lors même que le recours aurait été exercé par la partie publique ou par la partie civile.

La partie saisie qui veut faire courir le délai fixé par l'article 11, doit s'empresser de déposer sa requête ; car ce n'est qu'à compter du jour du dépôt qu'elle en a fait, que le délai commence à courir.

v. Mais, *dans quel délai* le prévenu doit-il exercer son recours pour qu'il soit recevable ? Le Code d'instruction criminelle ne pouvait en fixer aucun, puisqu'il ne l'autorisait pas : ce doit être le même que celui qui est accordé à la *partie civile*, par l'article 135 du Code, et il doit être accompagné des mêmes formalités.

vi. Ce serait une misérable argutie, que de prétendre que l'article ayant parlé seulement du cas de mémoires présentés par le prévenu *sur son pourvoi*, il n'y aurait pas de délai fixé par l'article 11 pour prononcer sur la main-levée de la saisie, si le recours était émané de la *partie publique* ou de la *partie civile ;* car c'est évidemment le fait du *dépôt* de la requête du prévenu, que le législateur a eu en vue : la disposition de cet article n'est évidemment pas *limitative.*

vii. Lorsqu'il a été procédé à *une saisie,* il résulte bien des articles 8, 9, 10 et 11, que le tribunal correctionnel ne peut être saisi de la cause, que par le renvoi que lui en fait la chambre du conseil ou la chambre d'accusation; mais *lorsqu'il n'y a pas eu de saisie*, doit-il en être de même? La loi parlant *restrictivement* de *plainte* et de *réquisitoire*, et non pas de simple *citation;* et attendu d'ailleurs qu'il résulte de l'article 7, que la plainte et le réquisitoire doivent être remis au juge d'instruction, pour en faire le rapport à la chambre du conseil; il nous semble évident, que les affaires de cette nature, ne doivent être soumises à une discussion publique, qu'après un examen préparatoire de l'officier du ministère public, et de la chambre du conseil.

ARTICLE XII.

Dans les cas où les formalités prescrites par les lois et règlemens concernant le dépôt auront été remplies, les poursuites à la requête du ministère public ne pourront être faites que devant les juges du lieu où le dépôt aura été opéré, ou de celui de la résidence du prévenu.

En cas de contravention aux dispositions ci-dessus rappelées concernant le dépôt, les poursuites pourront être faites soit devant le juge de la résidence du prévenu, soit dans les lieux où les écrits et autres instrumens de publication auront été saisis.

Dans tous les cas, la poursuite à la requête de la partie plaignante pourra être portée devant les juges de son domicile, lorsque la publication y aura été effectuée.

I. Les dispositions de l'article 12 sont relatives à la *compétence.* Lorsque les formalités prescrites *pour le dépôt* ont été remplies, la partie publique agissant *d'office* ou sur la *réquisition, l'autorisation,* la *permission* ou la *plainte* des parties qui se prétendent lésées, ne peut saisir de la connaissance de l'affaire, que les juges du lieu *où le dépôt s'est effectué,* ou que ceux du lieu *de la résidence du prévenu;* ce qui est une amélioration sensible dans le système du Code d'instruction criminelle, qui autorise de saisir le juge même du lieu où le prévenu est *trouvé.*

S'il a été contrevenu aux dispositions des lois ou règlemens concernant le dépôt, dans ce cas; mais dans ce cas seulement, la partie publique peut diriger son action devant le juge du lieu où *les écrits et autres instrumens de publication ont été saisis.*

II. Lors même que toutes les formalités du dépôt auraient été remplies, le prévenu pourrait être distrait de ses juges naturels, si les poursuites se faisaient *à la requéte de la partie plaignante;* l'action dans ce cas, pourrait être intentée devant le juge du domicile du demandeur; ce qui est une dérogation au droit commun; aussi ne passa-t-elle dans les Chambres qu'après avoir éprouvé de grandes contradictions; d'où suit que, la disposition de la loi, sous ce rapport, doit être resserrée dans les bornes les plus étroites; et comme il n'est question dans l'article que de poursuites faites *à la requête* de la personne qui se prétend lésée, il faut en conclure qu'il ne peut y être question que d'une action exercée par la voie *civile ;* la partie publique ne devant jamais figurer dans la cause, lorsque le *dépôt a été régulièrement effectué,* que *devant les juges* de la résidence du prévenu, ou ceux du lieu où le dépôt a été fait : aussi l'article 12, par sa troisième disposition, n'autorise-t-il que les poursuites faites à *la requête de la partie plaignante,* mal qualifiée, sans doute, sous cette dénomination, mais fausse qualification qui ne peut rien changer au fond de la chose; la *partie plaignante* n'est, en effet, dans l'espèce, qu'un simple demandeur en réparation de la lésion qu'elle prétend avoir éprouvée.

III. Pour autoriser les poursuites devant le juge du domicile du demandeur, il faut que l'écrit ait eu de la *publicité* DANS CE LIEU.

IV. Ce n'est pas sans y avoir mûrement réfléchi que le législateur n'a parlé, dans les deux premières dispositions de l'article 12, que de la *résidence* de la partie plaignante et non pas de son *domicile ;* il a voulu prévenir des difficultés presque toujours fort ardues, sur le point de savoir, quel est *le véritable domicile* des parties; tandis que la *résidence* est un *fait* qui ne peut donner lieu à aucune contestation sérieuse; cependant, c'est le *domicile* qui a été substitué à la *résidence* dans la rédaction du troisième paragraphe de cet article; ce qui peut avoir eu pour objet de diminuer autant qu'il est possible, les distractions de juridiction que ce pa-

ragraphe autorise, par la difficulté que pourrait avoir
le demandeur de justifier de son *véritable* domicile ;
car, c'est du domicile *véritable* et non du domicile
politique, qui n'exige pas toujours *résidence,* que
parle l'article 12.

v. Cet article s'étant *restrictivement* occupé,
dans son dernier paragraphe, de la *partie plaignante,* ne peut recevoir d'application qu'à l'égard
des personnes mentionnées dans les articles 3 et 5,
qui sont les *seules* que la loi ait autorisées à rendre
plainte; la faculté de se pourvoir directement,
même au civil, a été refusée à toutes autres personnes, à qui la loi réserve seulement le droit *d'autoriser,* de *requérir* ou de *permettre* qu'il soit fait
des poursuites *d'office.*

vi. Il est suffisamment sous-entendu, que dans
le cas même où les personnes dénommées dans les
articles 3 et 5 voudraient actionner le prévenu *à
leur requête,* elles ne pourraient le traduire devant
un tribunal *étranger,* lors même qu'elles auraient
leur domicile en *pays étranger;* et ce serait même
sans aucune utilité pour elles, qu'elles obtiendraient
d'un tribunal étranger, un jugement de condamnation contre le prévenu, puisqu'elles ne pourraient
le mettre à exécution en France, que sur une ordonnance d'*exequatur* rendue par un tribunal français,
et dont l'opposition serait recevable; ce qui remet-
trait en question la chose jugée par le tribunal *étranger.*

vii. Il a été jugé plusieurs fois par les tribunaux

correctionnels, et même quelquefois par les cours royales que, lorsque l'injure a été dirigée contre une *généralité* de citoyens, sans qu'aucun ait été *personnellement dénommé*, il ne peut en être fait de poursuites; cependant, les personnes pourraient avoir été si bien désignées, qu'il fût impossible de ne pas les reconnaître : si la jurisprudence s'établissait en ce sens, elle ouvrirait une porte bien large à la diffamation, alors que la loi a pris tant de soin de la réprimer : les résultats d'une pareille jurisprudence seraient trop graves pour que les tribunaux persistent à vouloir l'établir ; il ne peut pas plus être permis de diffamer les habitans d'une ville, des citoyens en masse, que de diffamer un seul individu. La diffamation qui s'exerce sur des citoyens en masse nous semblerait même devoir être plus sévèrement punie : si le prévenu de diffamation soutient que ce n'a pas été des plaignans qu'il a entendu parler, le tribunal saisi, en jugera d'après les circonstances. Un pareil délit ne doit pas rester impuni : si l'on ne veut pas que les citoyens ainsi diffamés, puissent se dire personnellement lésés, la société l'aura été dans une partie de ses membres, et alors, les poursuites d'office devraient être autorisées.

ARTICLE XIII.

Les crimes et délits commis par la voie de la presse ou tout autre moyen de publication, à l'exception de ceux désignés dans l'article suivant, seront renvoyés par la chambre des mises en accusation de la Cour royale devant la Cour d'assises, pour être jugés à la plus prochaine session. L'arrêt de renvoi sera de suite notifié au prévenu.

I. L'article 13 n'a fait que sanctionner un vœu qui s'était hautement manifesté, celui du renvoi devant un jury, de la connaissance des *délits* qui peuvent être commis par abus de la liberté de la presse : de toutes parts, on sentait le besoin de dépouiller les tribunaux de la connaissance de ces sortes d'affaires; il y en avait mille raisons, toutes plus décisives les unes que les autres, et dont chacun peut aisément se rendre compte.

Il eût été, sans doute, à désirer que la mesure eût été plus *générale ;* mais quoiqu'assez restreinte, elle doit nécessairement produire les meilleurs effets; ils se feront encore mieux sentir lorsque le jury sera ce qu'il doit être ; car tel que nous l'avons, ce n'est guère qu'une simple *commission,* puisque les jurés sont au *choix* des principaux agens du gouvernement, et que la faculté n'est pas même réservée aux accusés de récuser la liste entière ; ce qui les place dans la position la plus critique, lorsque surtout, il est question de prononcer sur des délits politiques.

II. C'est à la prochaine session de la Cour d'assises, que les affaires qui rentrent dans sa compétence, en matière de provocation, d'offense ou de diffamation doivent être portées; et à cet effet, l'arrêt de renvoi doit être notifié *de suite* au prévenu, pour lui laisser le temps nécessaire de préparer sa défense.

Si la notification de l'arrêt n'avait pas été faite *de suite,* c'est-à-dire, dans un temps *très rapproché de sa date,* et que le prévenu, se fondant sur ce motif, eût demandé la continuation de la cause; le refus qui lui aurait été fait d'obtempérer à sa demande, pourrait donner lieu à la cassation de l'arrêt définitif qui aurait prononcé sa condamnation, quoique l'article 13 n'ait pas attaché la peine de *nullité* à son inexécution; car il y a *nullité,* toutes les fois qu'il a été porté une atteinte quelconque *à la défense du prévenu,* et c'est bien assurément y porter atteinte, que de le priver d'une partie du délai que la loi lui accorde pour la préparer : il faudrait supposer d'ailleurs, dans son intérêt, que le refus qu'il aurait éprouvé ne lui aurait été fait que dans l'intention de le priver d'un jury, que l'on aurait eu lieu de présumer devoir lui être favorable; ce qui serait un motif suffisant pour faire renvoyer l'affaire à un nouvel examen.

III. Lorsque l'affaire est soumise à des jurés, le *jury* devient le juge, non-seulement du *fait matériel,* mais de la *moralité* de l'action : la Cour d'assises ne pourrait dès-lors, sans excès de pouvoir, se réserver d'en déterminer le caractère ; ce fut ainsi que la Cour de cassation le jugea par son arrêt du 2 octobre 1819, dans l'espèce suivante : le nommé Maurand étoit prévenu de s'être, par des cris proférés dans un lieu public, *rendu coupable de provocation contre l'inviolabilité de la personne du Roi et contre l'ordre de successibilité au trône;* et la Cour d'assises n'avait posé au jury que la question

de savoir, si le prévenu avait *proféré des cris sédi-*
tieux dans un lieu public, en se réservant, par ce
moyen, d'en déterminer le véritable caractère; et sur
la réponse affirmative du jury, la cour ayant attribué
à ces cris, celui de provocation *contre l'inviola-*
bilité de la personne du Roi et contre l'ordre de
successibilité au trône, avait condamné le prévenu aux peines portées dans l'article 9 de la
loi du 17 mai : son arrêt fut cassé ; attendu
« qu'il appartient au jury *seul* de prononcer non-
» seulement sur le fait *matériel* de l'accusation,
» mais aussi sur la *moralité* de ce fait et *sur toutes*
» *les circonstances* qui peuvent lui donner *un ca-*
» *ractère criminel* ou en *modifier le caractère.* »

En prononçant la cassation de l'arrêt, la cour
renvoya la connaissance de l'affaire à une autre
Cour d'assises, pour y être procédé *à de nouveaux*
débats; et non pas simplement *pour l'application*
de la peine, d'après la déclaration *existante* du jury;
ce qui fut peut-être aller trop loin ; car le jury avait
fait une réponse *complète* sur la question qui lui
avait été posée, et d'après sa réponse, il n'y avait
que la peine des cris séditieux, dégagée de toutes circonstances aggravantes, qui pouvait être appliquée.

On peut bien dire, il est vrai, que si la *réponse* du
jury avait été *complète,* la *question* qui lui avait été
soumise ne l'avait pas été; de sorte que si la question
avait été posée telle qu'elle résultait de l'arrêt de mise
en prévention, le jury aurait pu prononcer la culpabilité de l'accusé, sous tous les rapports qui lui au-

raient été présentés : mais à qui la faute pouvait-elle
être imputée? Le prévenu déjà soumis à des premiers débats, doit-il être exposé à en subir de nouveaux par la négligence ou l'impéritie de ses juges?
Peut-il être privé, par ce moyen *indirect,* de voir
son sort se décider par le jury que la loi lui a donné?
Les suites funestes que peut avoir un renvoi fait en
pareil cas, ont-elles été bien calculées?

ARTICLE XIV.

*Les délits de diffamation verbale ou d'injure
verbale contre toute personne ; et ceux de diffamation ou d'injure par une voie de publication
quelconque contre des particuliers, seront jugés
par les tribunaux de police correctionnelle, sauf
les cas attribués aux tribunaux de simple police.*

I. Cet article renferme les *seules* exceptions qui
soient admises au renvoi devant les Cours d'assises,
des délits qui peuvent être commis par voie de *publication;* mais quoique resserrées en quelques li-
gnes, elles n'en ont pas moins une grande étendue.

Toute injure et même toute diffamation exercées
contre les particuliers, résultassent-elles même d'é-
crits, sont laissées dans les attributions des tribunaux ordinaires.

II. La qualification de *particuliers* employée dans
l'article 14, comprend *toutes les personnes* qui ne
se trouvent pas revêtues d'un caractère public, ou
qui, remplissant même des fonctions publiques, ne

prétendraient pas avoir été diffamées ou injuriées
à l'occasion de leurs fonctions.

III. Lorsque la diffamation ou l'injure n'a été que
verbale, quelles que soient les *personnes* qui pré tendent avoir été injuriées, l'action reste dans la compétence des tribunaux ordinaires ; ce qui ne s'étend
pas cependant aux injures et aux offenses qui auraient été dirigées contre les personnes et les corps
mentionnés aux articles 1, 2 et 3, ainsi qu'il a été
jugé avec raison, par un arrêt de la Cour de cassation du 25 novembre 1819.

IV. Hors le cas d'*offense* et de *diffamation*, lorsqu'il n'y a que prévention de *simple injure*, la
personne injuriée la ferait-elle résulter d'un *écrit,*
que ce ne serait pas le tribunal *correctionnel* qui
devrait en connaître ; mais le tribunal de *police*, aux
termes de l'article 20 de la loi du 17 mai, sous la
modification néanmoins contenue dans les précédens articles, qui punissent de peines correctionnelles, la simple *injure*, lorsqu'elle a été dirigée
contre certains corps et contre certains individus,
à raison de leurs qualités.

Si l'injure était *qualifiée* et qu'elle eût été rendue
publique, elle n'aurait pas le véritable caractère de
diffamation, que l'action en réparation devrait être
portée devant le tribunal *correctionnel ;* l'article 14
de la loi du 26 mai, non plus que l'article 20 de
celle du 17, ne donnant de compétence au tribunal
de *police*, que pour connaître *des simples injures.*

V. On peut demander pourquoi la différence

qu'établit la loi dans le genre de poursuites à exercer suivant la qualité des personnes, lorsque tous les Français sont *égaux* devant la loi, quels que soient leurs titres et leur rang ; mais on aura craint, sans doute, de trop surcharger le jury, ce qui ne nous aurait pas paru un motif suffisant de dévier des principes ; car en ne faisant de poursuites que contre les vrais coupables, elles deviendraient infiniment plus rares, et le jury, sans être alors surchargé, pourrait subvenir à tout : a-t-on jamais imaginé de renvoyer le jugement des affaires ordinaires devant des *commissions,* par la raison que les affaires affluent dans les tribunaux constitutionnellement institués ? La justice n'est qu'une, elle est due indistinctement à tous, elle ne peut varier suivant la qualité des personnes (1).

ARTICLE XV.

Sont tenues, la chambre du conseil du tribunal de première instance, dans le jugement de mise

---

(1) Toute l'Europe a connaissance du procès intenté à la Reine d'Angleterre. Cette princesse ayant demandé à la Chambre haute du Parlement, d'être entendue à la barre par son conseil; lord Liverpool s'y opposa avant la proposition du bill d'accusation : ce qui fut ainsi arrêté, sur l'observation qui fut faite par lord Allenborough, qu'on ne doit pas prendre en considération le rang élevé de la partie accusée; et que pour répondre à la confiance de la Nation, la Chambre fera bien de ne pas accorder, à un rang éminent, de plus grandes facilités, pour la défense, que celle dont jouirait l'individu de la plus basse classe.

en prévention, et la chambre des mises en accu-
sation de la Cour royale, dans l'arrêt de renvoi
devant la Cour d'assises, d'articuler et de quali-
fier les faits à raison desquels lesdits prévention
ou renvoi sont prononcés, à peine de nullité des-
dits jugement ou arrêt.

I. L'article 15 n'est que l'application faite aux
chambres du conseil et des mises en accusation,
des dispositions de l'article 6.

En enjoignant aux chambres du conseil et des
mises en accusation, sous peine de *nullité,* d'*ar-*
ticuler et de *qualifier* LES FAITS à raison desquels elles prononcent la *prévention* et le *renvoi*
par leurs ordonnances et arrêts, la loi a nécessairement sous-entendu, que les débats ne pourraient s'ouvrir et que les arrêts à intervenir sur le
fond, ne pourraient porter, que *sur les faits* ainsi
articulés et *qualifiés ;* car dans le système contraire, les articulations et qualifications ordonnées
seraient évidemment sans objet.

II. Les Chambres du conseil et des mises en ac
cusation, ne peuvent articuler et qualifier *dan*
leurs ordonnances et arrêts, que les *faits* qui l'on
été *dans la plainte ou le réquisitoire ;* car le
cours et tribunaux, dans la matière qui nous oc
cupe, ne sont appelés à juger que les faits qui leu
sont dénoncés, ce qui est une dérogation aux dis
positions *générales* de la loi du 20 avril 1810; l
lois nouvelles ayant *tout* réglé sur la poursuite d
délits *spéciaux* qui en font la matière.

Mais si les Chambres ne peuvent s'attach

qu'aux seuls *faits* qui se trouvent consignés dans l'*articulation* de la plainte ou du réquisitoire, elles ne sont pas tenues d'ordonner que les poursuites seront faites et que les prévenus seront mis en jugement sur *tous* les faits dénoncés; elles ne peuvent *articuler* et *qualifier* dans leurs ordonnances et arrêts, que ceux *de ces faits* qu'elles jugent être *constitutifs* d'un délit *punissable,* et seulement encore, lorsqu'il existe des indices suffisans de culpabilité.

III. L'arrêt de renvoi tient lieu d'*acte d'accusation* lorsque les faits articulés et qualifiés ne présentent qu'une prévention de *délits.*

IV. S'il arrivait que les juges se fussent fondés, pour prononcer la *condamnation* du prévenu, sur des faits *qui n'auraient pas été articulés* dans l'arrêt de renvoi, le jugement ou l'arrêt de condamnation qui serait intervenu, devrait être cassé, même *sans renvoi,* si la condamnation n'avait été prononcée que sur ces faits *étrangers;* car alors l'innocence du prévenu devrait être *présumée,* relativement aux faits *articulés* dont il n'aurait pas été déclaré coupable.

V. Si l'arrêt de condamnation était cassé par suite de l'annulation de l'arrêt de renvoi, et que l'annulation de l'arrêt de renvoi eût été prononcée sur le motif, que les fait s n'y auraient été ni *articulés* ni *qualifiés;* on pourrait mettre en question le point de savoir, s'il y aurait lieu de prononcer le renvoi de l'affaire devant une nouvelle Chambre d'accusation : mais, comme la loi ne porte pas que, dans pareil cas, l'instance sera *périmée,* ni que la *nullité* de l'arrêt de renvoi emportera la déchéance de l'action, il faudrait décider que s'il ne s'était pas écoulé un délai suffisant *pour prescrire*, le renvoi devrait être ordonné, *et vice versá;* mais l'arrêt de renvoi et tout ce qui s'en serait suivi, ne pourraient être considérés comme des actes *interruptifs* de la *prescription;* car, ce qui est *nul* ne peut produire d'effet, et ce serait en donner évidemment un, et même un très grand à l'arrêt annulé, que de lui attribuer celui d'interrompre la prescription; puisqu'aux termes de l'article 2274 du Code civil, une *citation en justice,* quoique *régulière* dans sa forme, ne peut avoir l'effet d'arrêter le cours de la *prescription*, lorsqu'elle est *périmée;* et à plus forte raison, un arrêt *nul dans son essence,* ne peut être utile pour en interrompre le cours : ainsi, dans un pareil état de choses, ce serait l'ordonnance de la Chambre du conseil qui devrait être prise pour point de départ; de sorte que si depuis qu'elle aurait été rendue, il s'était écoulé *plus d'une année,* la prescription serait irrévocablement acquise, par application de l'article 29 : il faudrait même, pour faire courir le délai, à compter de cette époque, que l'ordonnance de la Chambre du conseil eût articulé et qualifié les faits, puisque dans le cas contraire, elle se trouverait infectée du même vice que l'arrêt : il faudrait donc alors remonter au réquisitoire ou à la plainte; et si, ni le réquisitoire ni la plainte n'avaient non plus articulé ni qualifié les faits, il suffirait, pour que la prescription fût acquise, qu'il se fût écoulé plus de *six mois,* depuis le *dépôt* qui aurait été fait de l'écrit incriminé, si l'éditeur avait fait la *déclaration* qu'il entendait le publier.

ᴠɪ. Mais que doit-on entendre *par articuler des faits?* Si on ouvre le Dictionnaire de l'Académie, Wailly et tous les autres vocabulaires, l'on demeure convaincu, que c'est l'action de les *déduire par articles,* de les *proposer distinctement et par ordre ;* c'est-à-dire, de les *préciser* de manière qu'à la simple lecture, on puisse en connaître la nature et l'objet; et comme les lois sont toujours censées parler le langage vulgaire; que l'on ne peut les supposer rédigées dans le style des oracles, il faut nécessairement en conclure, que les articles 6 et 15 de la présente loi, ont exigé *une déduction par articles, une proposition distincte et par ordre, des faits* qui constituent la prévention; et qu'à défaut de cette *précision,* il y a *nullité radicale* des actes qui ne seraient pas conformes à ce commandement de la loi : ce n'est pas, en effet, sur de simples *abstractions* que le jury doit être interrogé, que les juges doivent répondre : les uns et les autres, sont bien appelés à apprécier la *moralité* du fait; mais pour apprécier la moralité d'un fait, il faut que le fait soit connu, et conséquemment bien *déduit,* clairement *énoncé,* en deux mots, bien *précisé.*

ᴠɪɪ. Tout ce que nous venons de dire, ne pourrait être sérieusement contesté ; mais il peut se présenter une question plus délicate, sur laquelle on ne trouve aucun renseignement dans les lois nouvelles; cette question consiste à savoir, si lorsque l'arrêt de la Chambre d'accusation, n'a fait ni articulation, ni qualification des faits, la Cour d'assises est tenue de livrer le prévenu à des débats. La question se pré-

senta devant la Cour d'assises de Paris, dans l'affaire
de l'éditeur du journal l'*Aristarque*, le 13 juin 1820;
et cette Cour jugea, qu'à la Cour de cassation seule,
il pouvait appartenir de prononcer sur la validité
des arrêts des Chambres des mises en accusation;
elle ordonna, par suite, qu'il serait passé outre aux
débats; attendu que le prévenu ne justifiait pas
de s'être pourvu, contre l'arrêt de renvoi, sans
cependant, entendre rien préjuger sur la nullité proposée contre ledit arrêt, que M. l'avocat-général
avait reconnu lui-même, être bien fondée.

Les Cours royales et d'assises sont, sans doute,
égales en autorité, dans les fonctions qui leur sont
respectivement attribuées; et sous ce point de vue,
il est évident que l'une ne peut réformer les arrêts
qui sont émanés de l'autre; mais résulte-t-il nécessairement de là, que les Cours d'assises soient tenues d'établir des débats et de prononcer sur des
faits non articulés ni qualifiés, et auxquels la loi
refuse de reconnaître les caractères d'un véritable délit? Pour soutenir l'affirmative, il faudrait
dire, que dans le cas même où la Chambre d'accusation aurait renvoyé devant la Cour d'assises, un
individu, *sans le prévenir d'avoir commis aucun
délit,* cette Cour n'en devrait pas moins établir
des débats évidemment *frustratoires;* et qu'elle
devrait également en établir, lors même que le
prévenu qui lui aurait été renvoyé, ne serait pas son
justiciable, *par sa qualité;* ou qu'étant *agent
du Gouvernement,* le Roi, dans son conseil d'état,
aurait refusé d'autoriser la poursuite. S'il devait en
être ainsi dans l'état de notre législation, il y aurait

un vice dans la loi, qu'il faudrait s'empresser de
réparer, et ce vice y existe réellement ; car les
lois nouvelles n'ont pas déclaré communes aux *délits* qu'elles prévoient et qu'elles punissent, les dispositions des articles 296 et 299 du Code d'instruction criminelle ; ce qui prive les prévenus de délits
de provocation, de diffamation ou d'injure, de la
faculté de se pourvoir en cassation contre les arrêts
de renvoi, *préalablement* à leur mise en jugement,
lorsque leur pourvoi n'est pas fondé sur *l'incompétence* : il ne doit cependant rien être fait de *frustratoire* et encore moins de *vexatoire* en justice ; et
rien assurément de plus frustratoire, de plus vexatoire, que de livrer à des débats publics, un individu
sur lequel il ne pèse aucune prévention *légale*.

Vainement objecterait-on qu'en dernière analyse,
le prévenu obtiendra justice ; que sur son pourvoi
contre l'arrêt qui aura prononcé sa condamnation,
l'arrêt de renvoi sera cassé, et par suite l'arrêt définitif ; car il n'en aura pas moins été livré à des débats
publics, lorsqu'il n'aurait pas dû l'être ; il n'en aura
pas moins éprouvé des condamnations *passagères,*
à la vérité, mais qu'il n'aurait pas dû subir ; il n'en aura
pas moins été constitué dans des frais énormes, sans
espoir de les recouvrer ; il n'en aura pas moins été
dénoncé à l'opinion publique, comme un malintentionné ; sa réputation, sa fortune, son commerce,
sa considération, n'en auront pas moins souffert ;
et si, par évènement, son pourvoi était rejeté pour
un vice de forme, ne resterait-il pas la victime nécessaire de l'imprévoyance de la loi et de sa violation, contre lesquelles il n'aurait pas été en son
pouvoir de se précautionner ?

Mais, pour en revenir à l'affaire de l'éditeur de l'*Aristarque,* et dans les cas semblables, où la Chambre des mises en accusation a renvoyé le prévenu devant la Cour d'assises, pour y être jugé, sur des *faits* non *articulés* ni *qualifiés,* ou sur *d'autres faits* que ceux mentionnés dans le réquisitoire ou la plainte ; si nous étions appelés à prononcer, soit comme juré, soit comme juge, nous n'hésiterions pas à renvoyer le prévenu de l'action intentée contre lui, lors même qu'il serait *défaillant ;* car le premier devoir du magistrat, est d'obéir au cri de sa conscience, et lorsqu'il lui est démontré que les prévenus qui sont traduits devant lui, ne l'ont été qu'à raison de faits qui ne peuvent être *légalement* soumis à son jugement, il ne peut ni ne doit prendre ces faits en aucune considération. Par ce moyen, la justice et les convenances se trouvent également conservées ; l'arrêt de la chambre des mises en accusation est respecté, ainsi que les droits que le prévenu tient des dispositions de la loi.

ARTICLE XVI.

Lorsque la mise en accusation aura été prononcée pour crimes commis par voie de publication, et que l'accusé n'aura pu être saisi, ou qu'il ne se présentera pas, il sera procédé contre lui, ainsi qu'il est prescrit au livre II, titre IV, du Code d'instruction criminelle, chapitre des Contumaces.

1. Cet article ne dispose que pour le cas de prévention de *crimes ;* il ordonne que si le prévenu n'a pu être saisi, il soit procédé contre lui par *contu*

mace, dans la forme accoutumée, c'est-à-dire, dans celle indiquée par le Code d'instruction criminelle.

11. Depuis long-temps, il s'élève des réclamations contre l'usage des jugemens *par contumace :* l'auteur de l'ouvrage qui a pour titre : *de la Justice criminelle en France, d'après les lois présentes, les lois d'exceptions et les doctrines des tribunaux,* en a démontré l'inutilité, et de plus, la nécessité de les supprimer : nous avons émis le même vœu dans notre ouvrage déjà cité, *du Code d'instruction criminelle et du Code pénal, mis en harmonie avec la Charte.*

Les jugemens par contumace, tels qu'ils se rendent aujourd'hui, nous semblent même être en opposition formelle avec la Charte, qui ne permet pas que l'on puisse être distrait *de ses juges naturels ;* car *les juges naturels* de tout accusé *de crime,* sont des jurés, et le Code d'instruction criminelle, auquel renvoie l'article 16, porte que les jugemens *par contumace,* seront rendus *sans assistance de jurés.*

On objecte que dans aucun cas, la déclaration du jury ne peut être soumise à un nouvel examen; et que ce serait l'y soumettre que de faire juger les contumaces par un jury : mais ce qui pourrait uniquement résulter de là, si la proposition était vraie, ce serait qu'il ne devrait pas être rendu de jugemens *par contumace,* et non pas que l'on pût *distraire* les accusés *de leurs juges naturels.*

Il n'est pas exact, d'ailleurs, de dire, que la déclaration du jury ne peut jamais être soumise à aucun examen ; car au cas de *révision*, elle s'y trouve nécessairement soumise ; et c'est de même devant un nouveau jury, que la cause doit être portée, lorsque l'annulation de l'arrêt de condamnation a été prononcée, au désir de l'article 427 du Code.

III. Il est dans la nature des choses, que *l'innocent* comme le *coupable* se dérobe aux *cachots* et surtout à *la mise au secret*, dont il a été fait un si cruel abus dans les derniers temps ; aussi peut-on se rappeler qu'un homme revêtu de la plus haute magistrature, disait : *que s'il était prévenu d'avoir volé les tours de Notre-Dame de Paris*, quelqu'absurde que fût l'accusation, il commencerait par prendre la fuite.

IV. L'on ne prendrait en considération que l'honneur de la magistrature, que pour éviter le scandale d'arrêts *contradictoires*, rendus dans la même affaire, il faudrait supprimer les jugemens par *contumace ;* et en effet, lorsque le condamné par contumace est repris ou qu'il se représente, il doit être jugé de nouveau ; et lorsqu'il est acquitté *contradictoirement*, ce qui arrive assez souvent, on suppose *naturellement* que la cour qui a jugé *par contumace*, n'a pas fait un examen assez réfléchi des charges ; si l'on ne va pas même jusqu'à *supposer*, qu'elle a mis de la partialité dans son jugement, qu'elle a fait fléchir *sa justice* devant les préventions du moment.

V. Si les jugemens rendus par contumace n'étaient

qu'une affaire de pure forme, on pourrait peut-être fermer les yeux sur les inconvéniens qu'ils présentent; mais ils produisent toujours des effets, plus ou moins désastreux pour l'accusé et pour sa famille; en ce que, d'une part, ils font planer sur le prévenu un soupçon de culpabilité, et que, d'autre part, ils emportent l'interdiction de ses droits civils, le séquestre de ses biens, son exécution par effigie; et tout cela, par voie de simples mesures provisoires, comme si tous ces résultats étaient réparables en définitif.

VI. Si l'accusé est *coupable,* il se punit lui-même *en s'expatriant;* par sa fuite, la société se trouve *vengée,* et c'est là tout ce que *la justice exige;* elle ne peut vouloir de vexation d'aucun genre, envers même les plus grands criminels.

ARTICLE XVII.

Lorsque le renvoi à la Cour d'assises aura été fait pour délits spécifiés dans la présente loi, le prévenu, s'il n'est présent au jour fixé pour le jugement par l'ordonnance du président, duement notifiée audit prévenu ou à son domicile, dix jours au moins avant l'échéance, outre un jour par cinq myriamètres de distance, sera jugé par défaut. La cour statuera sans assistance ni intervention de jurés, tant sur l'action publique que sur l'action civile.

I. Ce n'est plus par contumace, mais *par défaut,* que le prévenu doit être jugé par la Cour d'assises, lorsque la prévention ne porte que sur un *délit;* ce qui n'opère pas un simple changement *dans les mots,* mais un très sensible *dans les choses ;* car les jugemens rendus par *défaut* et ceux qui le sont par *contumace,* ne produisent pas *les mêmes effets.*

Si les uns et les autres sont rendus par les Cours d'assises, *sans assistance de jurés,* ceux qui l'ont été par *contumace* s'anéantissent *de plein droit,* par la représentation de l'accusé, qui peut demander d'être jugé *de nouveau* sur son 'prétendu *crime;* tandis que la loi nouvelle n'accorde ce droit au pré-venu de *délit,* qui s'est laissé condamner *par dé-faut,* que lorsqu'il a formé *opposition* au jugement, et lorsqu'il l'a formée *dans le plus court délai :* le délai expiré, sa condamnation devient *irré-vocable ;* la Cour d'assises n'a plus à se livrer à aucun nouvel examen. Le législateur a cherché le moyen d'allier les deux formes de procéder qu'éta-blit le Code d'instruction criminelle, suivant que la prévention porte sur un *crime* ou sur un *délit;* mais il n'est pas parvenu au but qu'il s'était proposé : du moment qu'il reconnaissait que, les délits comme les *crimes,* en matière de *publication,* devaient être soumis à *un jury ;* la conséquence naturelle à en tirer, était que les mêmes formalités devaient être observées dans la poursuite des uns et des autres, lorsque surtout la loi prononçait un emprisonne-ment de longue durée et des amendes ruineuses pour la répression des simples délits.

C'est principalement, dans les affaires de la nature de celles qui font la matière des lois nouvelles, que *les préventions du moment* sont le plus à redouter; que conséquemment le prévenu, même de simple délit, doit aviser aux moyens de ne pas être jugé sous l'empire de ces préventions; et cependant, par suite de la conversion du jugement *par défaut* en jugement *irrévocable*, lorsque le prévenu n'y a pas formé d'opposition, à *l'instant même* que l'arrêt lui est signifié, tous les moyens de justification qu'il aurait pu faire valoir *avec avantage*, dans un temps plus calme, lui sont enlevés.

Mais la loi le veut ainsi; et pour tout le temps qu'elle le voudra, il importe de savoir quelle est la forme de procéder qui doit être suivie devant les Cours d'assises, dans la poursuite des simples *délits*.

L'ordonnance du président qui fixe le jour de l'ouverture des débats, doit être notifiée au *prévenu*, à sa personne ou à son domicile, *dix jours au moins* avant *l'échéance*, outre un jour par chaque *cinq* myriamètres de distance de son *domicile* au lieu *où siége* la Cour d'assises : c'est ainsi que doit être entendue la disposition relative de l'article 17 : les *dix jours* et les jours *supplémentaires* doivent être *francs*.

11. Si le prévenu ne comparaît pas au jour *indiqué*, il doit être jugé *par défaut*; la Cour prononce alors *sans assistance de jurés*, tant sur l'action *publique* que sur l'action *civile*; mais elle ne doit ni ne peut s'occuper que des *faits* qui ont été *articulés* et *qualifiés dans l'arrêt de renvoi*; et que des conclusions qui ont été prises et *signifiées*, à la requête

de la partie civile : celles qui n'auraient été prises *qu'à l'audience* ne pourraient être l'objet de la délibération de la Cour.

Ce n'est pas un simple jugement *de forme*, qui doit être rendu ; puisque, par l'évènement, l'arrêt peut devenir *irrévocable;* d'où suit, que c'est un devoir impérieux pour la Cour, de ne prononcer, même par défaut, qu'avec la plus grande connaissance de cause. Si l'article 150 du Code de procédure, n'autorise les condamnations *par défaut,* en matière *civile,* que lorsque les conclusions de la partie *se trouvent justes et bien vérifiées;* à plus forte raison, les tribunaux ne doivent-ils prononcer celle d'un prévenu, qu'après s'être assurés, par tous les moyens que la loi a mis en leur pouvoir, de la justice de la condamnation : il ne leur suffit pas de déclarer, comme on a pu le lire dans quelques arrêts récens, *que le prévenu, mettant la Cour, par son absence, hors d'état d'apprécier ses moyens justificatifs, ou les circonstances atténuantes qu'il pourrait invoquer en sa faveur,* il doit être condamné au *maximum* des peines prononcées par la loi. Avant que de s'occuper du point de savoir, si le prévenu qui ne comparaît pas, aurait des moyens justificatifs à proposer, des circonstances atténuantes à invoquer en sa faveur, il faut commencer par s'assurer que le *délit,* dont il est prévenu, est *réel;* et que, lors même que le prévenu s'en serait rendu coupable, il serait d'une *gravité* telle, qu'il dût emporter le *maximum* de la peine ; ce qui ne peut se faire, que par une appréciation réfléchie *des faits* qui constituent la *prévention.*

iii. Si le jugement *par défaut* était rendu *plus tôt* ou *plus tard* que le jour *indiqué* par l'ordonnance du président, il serait nul, d'une nullité radicale ; le prévenu n'aurait pas même besoin d'y former opposition ; il ne pourrait, dans aucun temps, lui être opposé comme *chose jugée;* ce serait comme s'il avait été rendu, sans citation préalable; cet acte devrait être considéré comme lui étant parfaitement étranger.

iv. L'article 17 ne dit pas à quelle requête doit être faite la notification de l'arrêt de renvoi, et de l'ordonnance du président ; mais c'est nécessairement à celle de la *partie publique,* qui est la partie *poursuivante* devant la Cour d'assises ; la partie *civile* ne peut jamais y être que partie *jointe :* la réparation qu'elle sollicite ne peut être que la suite, la conséquence de ce qui est jugé sur l'action publique ; cela résulte implicitement des dispositions de l'article 19.

v. Lors même que le prévenu serait en *détention,* la notification de l'ordonnance, portant indication du jour que l'affaire doit être présentée aux débats, devrait lui être faite: cette notification ne serait pas suffisamment remplacée par celle qui aurait été faite *à son domicile,* et qui aurait pu ne pas lui parvenir exactement ; la raison et la justice le disent assez: la notification de l'ordonnance n'étant exigée que pour donner au prévenu le temps moral nécessaire pour préparer sa défense, il ne peut en être privé *en tout ou en partie;* et si la notification lui était faite *à son domicile,* lorsqu'il serait en détention, il en serait privé, du moins *en partie*, puisqu'il faudrait un délai quelconque, pour que la copie pût lui parvenir.

VI. Le prévenu n'est pas tenu de se présenter, *en personne*, à l'audience de la Cour le jour qui a été fixé par l'ordonnance ; il lui suffit de s'y faire représenter *par un fondé de pouvoirs :* la question ne se trouve pas, à la vérité, résolue d'une manière bien formelle par l'article 17 ; mais l'on ne peut faire résulter la conséquence nécessaire, que le prévenu doit comparaître *en personne*, de ces mots dudit article, *s'il n'est pas présent ;* car en thèse générale, les parties sont considérées comme suffisamment représentées devant les tribunaux, par la comparution de fondés de pouvoirs ; cependant, si la loi nouvelle n'avait pas de dispositions d'où l'on pût conclure, que le prévenu est autorisé à se faire représenter par un fondé de pouvoirs ; en combinant la disposition de l'article 17 avec celles du Code d'instruction criminelle, il faudrait dire, que la *présence* du prévenu serait de rigueur, toutes les fois que la prévention du délit pourrait emporter la peine de l'emprisonnement, aux termes de l'article 185 du Code ; mais l'article 19 de la présente loi lève tous les doutes, en laissant au prévenu, la faculté de comparaître *en personne* ou *par un fondé de pouvoirs*, sur son opposition à l'arrêt par défaut : il résulte clairement, en effet, de cette faculté que l'article 19 laisse au prévenu, que sa présence n'est pas rigoureusement exigée ; car il y a même raison de décider dans les deux cas, puisque, sur l'opposision comme sur la citation, la prévention reste la même.

ARTICLE XVIII.

Le prévenu pourra former opposition à l'arrêt par défaut dans les dix jours de la notification qui lui en aura été faite ou à son domicile, outre un jour par cinq myriamètres de distance, à charge de notifier son opposition, tant au ministère public qu'à la partie civile.

Le prévenu supportera, sans recours, les frais de l'expédition et de la signification de l'arrêt par défaut et de l'opposition, ainsi que de l'assignation et de la taxe des témoins appelés à l'audience pour le jugement de l'opposition.

I. *L'opposition* à l'arrêt par défaut, n'est recevable qu'autant qu'elle a été formée dans le délai fixé par cet article, et qu'elle a été notifiée *au ministère public* et à *la partie civile.*

Ce délai, qui n'était que de *cinq jours,* aux termes de l'article 187 du Code d'instruction criminelle, a été porté à *dix* par la présente loi : les dix jours *commencent à courir* de celui de la notification qui a été faite à la personne du prévenu ou à son domicile, de l'arrêt rendu par *défaut; le lendemain* des dix jours, augmentés d'un jour par chaque cinq myriamètres de distance, l'opposition ne serait plus recevable, l'article 18 portant, qu'elle sera formée *dans les dix jours.*

II. Mais la *notification* que le condamné doit

10..

faire de son opposition à la partie publique et à la partie civile, doit-elle l'être dans *le même délai* de dix jours, sous peine de *déchéance?* L'article ne le dit pas, et il est de principe, que les déchéances étant de droit étroit, elles ne doivent être admises que, lorsqu'elles ont été prononcées par un texte précis de loi ; à quoi l'on peut ajouter, que s'il avait été dans l'intention du législateur que la notification fût faite *dans le même délai,* il lui eût été facile de le dire, d'une manière assez claire pour ne laisser, sur ce point important, aucune incertitude ; au lieu de se borner à déclarer simplement comme il l'a fait, que l'opposition serait formée dans les dix jours *à la charge de la notifier ;* ce qui suppose la possibilité *de deux actes successifs,* dont le premier seulement doit être fait dans un délai de rigueur : cependant les mots *à la charge,* qui se lisent dans l'article 18, peuvent être considérés comme une *condition* de la recevabilité de l'opposition, d'autant mieux, que si ce n'était pas dans les dix jours que la *notification* de l'opposition dût être faite, il serait dans la faculté du condamné de la retarder aussi long-temps qu'il le voudrait et d'arrêter ainsi le cours de la justice ; l'article 19 portant, que l'opposant a *cinq jours* depuis la *notification* de son opposition pour déposer sa requête au greffe, et que ce n'est qu'en-suite de ce dépôt effectué, que le président de la Cour d'assises est tenu de rendre l'ordonnance indicative du jour du jugement à intervenir sur l'opposition.

Tout ce qui résulte de la contexture de l'article 18 dont la rédaction aurait pu, sans doute, être plus

soignée, c'est que le condamné demeure autorisé à
former son opposition par tel acte qu'il juge le mieux
lui convenir, même par une simple déclaration faite
au greffe ou par sa réponse dans l'exploit de signification du jugement, sauf ensuite à la faire notifier
à la partie publique et *à la partie civile*. Si le
plaignant ne s'était pas rendu *partie civile*, il n'y
aurait aucune notification à lui faire.

La notification qui doit être faite *à la partie publique* peut l'être valablement *au greffe* de la Cour
d'assises : quant à celle que l'opposant est tenu de
faire à la partie civile, elle peut l'être à son domicile élu.

III. Pour faire courir le délai de l'opposition, il
suffit que l'arrêt ait été *notifié* au prévenu, soit à la
requête de la partie *publique*, soit à celle de la partie
civile ; il n'est pas nécessaire qu'il lui ait été signifié par l'une ET par l'autre : l'article 18 n'exige que
la simple notification de l'arrêt, qui suffit, en effet,
pour en donner la connaissance *officielle* au condamné.

IV. L'article 18 ne dit pas si la cause sur l'opposition, doit être jugée *par un jury* ; mais comme,
par le moyen de l'opposition, les choses se trouvent
être remises au même état qu'elles l'étaient avant
le jugement par défaut; et que ç'aurait été devant
le jury, que les débats auraient dû s'ouvrir, si le
prévenu s'était présenté sur la citation, il est évident que c'est au jury *seul* que le droit appartient
de prononcer sur l'opposition, lorsque le prévenu
qui l'a formée se présente en personne ou par un

fondé de pouvoirs ; mais, si le prévenu faisait encore défaut, l'opposition étant réputée non-avenue, il n'y aurait plus rien à juger, ni par le jury, ni par la Cour.

v. Si quelques-uns des délits qui peuvent être commis par voie de publication, sont mis dans les attributions du *jury*, ce qui est une grande amélioration dans la législation en cette partie, les individus qui en sont prévenus, se trouvent par là même, privés du second degré de juridiction, que leur accordait le Code d'instruction criminelle ; et cela en devenait une conséquence nécessaire : mais ce qui n'en était pas une, c'était de traiter plus défavorablement les prévenus de simples *délits*, que les accusés de *crimes* ; et c'est cependant ce qui est arrivé, puisque les prévenus de *délits* sont déclarés *non recevables* dans leur opposition, lorsqu'ils ne l'ont pas formée dans le délai de *dix jours* ; tandis qu'aucune opposition n'est exigée des accusés qui ont été condamnés par contumace, pour la conservation de leurs droits. Si le Code d'instruction criminelle voulait, ainsi que le veulent aujourd'hui les lois nouvelles, que le prévenu de *délits* qui aurait été condamné par défaut, n'eût qu'un délai *très limité* pour former opposition au jugement, du moins il lui réservait le droit d'appeler du jugement qui était intervenu sur son opposition : lors même qu'il s'était laissé condamner par défaut, une seconde fois, il ne se trouvait pas l'être d'une manière *irrévocable*, puisqu'il lui restait la ressource de l'appel.

vi. La dernière disposition de l'article 18, aggrave encore, sous un autre rapport, la condition du prévenu, en ce qu'il lui fait supporter non seulement *les frais de l'expédition et de la signification de l'arrêt* qui a été rendu par défaut, par application des dispositions de l'article 187 du Code d'instruction criminelle, mais qu'il met de plus à sa charge la *taxe des témoins appelés sur l'opposition ;* et cela sans aucun espoir de recours, lors même que son acquittement serait prononcé.

ARTICLE XIX.

Dans les cinq jours de la notification de l'opposition, le prévenu devra déposer au greffe une requête tendant à obtenir du président de la Cour d'assises une ordonnance fixant le jour de l'opposition : cette ordonnance fixera le jour aux plus prochaines assises ; elle sera signifiée, à la requête du ministère public, tant au prévenu qu'au plaignant, avec assignation au jour fixé, dix jours au moins avant l'échéance. Faute par le prévenu de remplir les formalités mises à sa charge par le présent article, ou de comparaître par lui-même ou par un fondé de pouvoirs au jour fixé par l'ordonnance, l'opposition sera réputée non-avenue, et l'arrêt par défaut sera définitif.

1. Cet article n'attache pas la peine de déchéance à l'inobservation de sa première disposition; ce qui est fondé en raison; car, si l'opposant ne fait pas dans les cinq jours le dépôt de sa requête, la partie publique qui a reçu la connaissance officielle de l'opposition, par la notification qui lui en a été faite,

peut y suppléer par un réquisitoirc, lorsqu'elle pense
que le jugement à intervenir sur l'opposition ne doit
pas éprouver de retard.

II. L'ordonnance du président doit fixer le jour,
aux plus prochaines assises, lorsque l'opposant a
déposé sa requête.

III. Si la requête ayant été présentée dans le délai, le président n'avait pas fixé le jour du jugement
aux plus prochaines assises, en résulterait-il que
le jugement par défaut, qui serait intervenu, devrait
être regardé *comme non-avenu?* L'article ne le porte
pas, et cette disposition ne peut y être suppléée ;
cependant, il serait aussi juste que naturel qu'il en
fût ainsi, car on pourrait supposer, que ç'aurait été
un moyen détourné de priver le prévenu, du jury
que la loi appelait à prononcer sur son sort.

IV. C'est l'officier du ministère public que la loi
charge de notifier l'ordonnance du président : il
doit faire cette notification, tant au prévenu qu'à
la partie civile, avec *assignation* à l'un et à l'autre
pour comparaître au jour indiqué. L'assignation
doit être donnée *dix jours au moins avant l'é-
chéance ;* mais la loi n'attache aucune peine à
l'inobservation de cette formalité, de sorte que la
seule conséquence que l'on pourrait tirer de l'abré-
viation du délai, serait que la cause ne pourrait être
jugée le jour fixé, que du *consentement* du prévenu ; et que si elle l'avait été soit *par défaut,* soit
même *contradictoirement,* lorsqu'il serait constaté,
que le prévenu n'avait comparu, que pour obéir à

justice et sans préjudicier à ses droits, l'arrêt devrait être annulé, sur son recours en cassation ;
attendu que le prévenu aurait été privé, par ce
moyen, d'une partie du délai que la loi lui accorde
pour préparer sa défense ; et qu'il y a nullité, toutes
les fois qu'il y a preuve acquise au procès, que le
prévenu n'a pas eu, dans sa défense, toute la latitude qu'elle peut comporter, par des faits qui lui
sont *étrangers*.

v. La loi n'ayant pas interdit au condamné le
recours en cassation contre le jugement rendu *par
défaut*, comme elle l'a fait au cas de jugemens rendus *par contumace*, rien ne peut s'opposer à la
recevabilité du pourvoi de la part du condamné
par défaut, sur son opposition ; et même à ce
qu'il fît valoir, sur son recours, les nullités qui
pourraient résulter du jugement auquel il aurait
formé opposition ; si ces nullités étaient telles,
qu'elles pussent influer sur la validité du jugement rendu sur l'opposition. Il ne pourrait y
avoir de difficulté, que sur la recevabilité du
pourvoi contre le premier arrêt par défaut, auquel il n'aurait pas été formé opposition ; mais ce
jugement ayant acquis le caractère du dernier
ressort pour n'avoir pas été attaqué par la voie de
l'opposition, et tout recours en cassation contre
un jugement irrévocable, étant recevable, lorsqu'il ne se trouve pas interdit pas une disposition
formelle de la loi, il faut en conclure, que le pourvoi serait recevable ; et de plus, qu'il serait fondé,
si, dans l'instruction, les droits du prévenu avaient

été compromis par l'inobservation des formalités prescrites.

vi. Si la loi ne prononce *la déchéance de l'action* ni pour le cas où le président n'a pas renvoyé l'affaire *aux plus prochaines assises,* ni pour celui où l'officier du ministère public n'a pas fait donner l'assignation *dix jours au moins avant le jour indiqué* pour le jugement; elle a été beaucoup plus sévère à l'égard du prévenu qu'elle déclare *non recevable dans son opposition,* d'une manière *absolue,* lorsqu'il ne s'est pas présenté *le jour fixé,* pour déduire ses moyens d'opposition. La cour n'a plus alors à délibérer sur le fond de l'affaire ; l'opposition est réputée *comme non-avenue,* et le jugement par défaut doit obtenir, par le seul fait de la non comparution du prévenu, la force de la chose *irrévocablement* jugée; d'où suit, que le prévenu est réputé *coupable,* par cela seul *qu'il ne se présente pas.* Il en est de même, il est vrai, dans les affaires de tout autre nature, aux termes du Code d'instruction criminelle ; mais c'est dans le *point seulement,* que le jugement qui intervient *sur l'opposition* n'est pas susceptible *d'une nouvelle opposition;* ce qui est juste, car les affaires doivent avoir une fin, et il n'y aurait pas plus de raison de rejeter une *troisième,* une *quatrième* opposition qu'une *seconde :* mais pour cela, toute justice n'est pas déniée par le Code, au prévenu; la voie de *l'appel* lui reste ouverte et même la voie de *l'opposition* contre l'arrêt *par défaut* qui peut être intervenu sur son *appel;* tan-

dis qu'aux termes de la loi nouvelle et dans les matières qu'elle régit, il ne reste plus *aucune ressource*
au prévenu qui n'a pas comparu sur son *opposition*
à l'arrêt qui a prononcé sa condamnation *par défaut;* et l'on sait assez cependant, comme se jugent *les causes par défaut,* dont toute l'instruction à l'audience, consiste dans une lecture rapide
de quelques actes de la procédure.

C'est, à la vérité, une Cour d'assises qui prononce, et non plus un tribunal qui juge à la charge
de l'appel; mais, au cas de *défaut* du prévenu, les
Cours d'assises jugent *sans assistance de jurés;*
de sorte qu'elles ne font précisément, que ce qu'aurait fait le tribunal correctionnel, si la loi nouvelle
n'avait pas mis les causes de cette nature, dans les
attributions des Cours d'assises.

Si, dans l'état actuel de la législation, les arrêts
rendus par les Cours d'assises, même sans assistance de jurés, ne peuvent être attaqués par la voie
de l'appel, ne pourrait-on suppléer au droit d'appeler, en autorisant la *révision* des arrêts rendus
par défaut, sur opposition; et en confiant cette révision à une autre Cour d'assises, ou tout au moins,
en *obligeant* les Cours d'assises, lorsqu'elles ont à
prononcer *sur l'opposition,* à se livrer à un examen
approfondi de l'affaire, au lieu de leur interdire,
d'entrer dans aucun examen de la culpabilité du
prévenu?

Quelques auteurs du moyen âge, enseignaient bien
que le prévenu, qui ne se présentait pas, lorsqu'il en
était sommé par la justice, devait être réputé coupable; et que cette *présomption* de culpabilité de-

vait suffire pour faire prononcer sa condamnation; mais, on en est revenu à des idées plus saines; et ce n'est pas, dans le siècle des lumières, que l'on peut poser en principe, qu'il suffit d'une simple présomption de cette nature, pour emporter nécessairement la condamnation du prévenu : ce n'est pas *déserter sa cause,* ce n'est pas s'*avouer coupable,* que de ne pas vouloir s'exposer à gémir dans les cachots et au secret, et à une condamnation presque certaine, lorsque toutes les passions sont encore dans l'effervescence : la sagesse indique alors la route à suivre par le prévenu; celle de se dérober aux poursuites, et de ne se présenter, que lorsqu'enfin les préventions ont cessé.

La seule conséquence que nous prétendons tirer de ces observations, c'est que les Cours d'assises, dans l'état actuel de notre législation, sur les délits prévus et punis par les nouvelles lois, ne doivent pas regarder, comme de simples arrêts de forme, ceux qu'elles rendent *par défaut;* puisque leurs arrêts peuvent devenir *irrévocables,* lors même qu'il y serait formé opposition; ce qui résulte, de ce que tout nouvel examen de l'affaire, leur demeure interdit, dans le cas où le prévenu viendrait encore à faire *défaut* sur son opposition; et que d'ailleurs, l'opposition pourrait être déclarée non recevable, pour cause d'inobservation des formalités prescrites (1).

_____

(1) Nous pouvons citer, à l'appui de nos observations, l'arrêt qui fut rendu le 1er juillet 1820, dans l'affaire de la souscription proposée pour venir au secours des détenus, par suite de la loi du 26 mars : MM. Gévaudan, Pajol, Etienne, Mérilhou

ARTICLE XX.

Nul ne sera admis à prouver la vérité des faits diffamatoires, si ce n'est dans le cas d'imputation contre des dépositaires ou agens de l'autorité, ou contre toutes personnes ayant agi dans un caractère public, de faits relatifs à leurs fonctions. Dans ce cas, les faits pourront être prouvés pardevant la Cour d'assises par toutes les voies ordinaires, sauf la preuve contraire par les mêmes voies.

La preuve des faits imputés met l'auteur de l'imputation a l'abri de toute peine, sans préjudice des peines prononcées contre toute injure qui ne serait pas nécessairement dépendante des mêmes faits.

1. Si l'on s'en tenait strictement aux termes de l'article 20, ce ne serait que des faits *diffamatoires* dont il serait interdit de rapporter *la preuve ;* mais l'*injure* n'est qu'une modification de la *diffama-*

---

et Odilon-Barrot, tous coprévenus, avaient été condamnés, *par défaut*, au *maximum* de la peine, portée par la loi du 17 mai ; c'est-à-dire, chacun à cinq années d'emprisonnement et à 6000 fr. d'amende ; lorsque par arrêt *contradictoire* intervenu sur leur *opposition*, tous ont été renvoyés des fins de la plainte. Si cependant les prévenus s'étaient rendus non recevables dans leur opposition, pour cause d'inobservation de la plus légère formalité, ils auraient dû subir, quoique reconnus pour innocens, chacun *cinq années* d'emprisonnement, et en outre ils auraient dû payer chacun une amende de *six mille* francs et accessoires.

tion; d'où suit que, la preuve de l'injure n'est pas plus recevable que celle *des faits diffama-toires;* cependant, on peut dire, que la loi ayant soigneusement distingué dans ses divers articles, la *diffamation* de *l'injure,* et que n'ayant interdit la preuve que *des faits diffamatoires,* celle de l'*injure* rentre *dans le droit commun;* que dès-lors, ne trouvant nulle part écrit dans la loi, la prohibition de rapporter la preuve de la vérité de l'injure, cette preuve demeure autorisée; mais en consultant l'esprit de la loi, en en combinant les dispositions, il est facile de se convaincre, que sa prohibition porte sur l'*injure* comme sur la *diffamation;* ce qui est fondé sur ce brocard de droit, *veritas convicii, non excusat a convicio.*

L'on n'aurait plus aujourd'hui, comme on l'avait, sous l'empire du Code pénal, la faculté de justifier ses allégations, *par la représentation de jugemens ou de tous autres actes authentiques et publics;* ce qui peut paraître sévère; mais ce qui cependant, a un grand but d'utilité publique, en ce que la loi nouvelle met un frein salutaire aux *diffamations,* qui ne peuvent avoir lieu que dans un esprit d'*injures,* lorsque l'imputation est faite à des *particuliers.*

11. Mais il n'en est pas de même des imputations qui peuvent être faites *à des dépositaires ou agens de l'autorité publique;* car il importe à la sûreté de tous, et au respect pour la liberté individuelle de chacun, que les agens de l'autorité se renferment dans les bornes de leurs devoirs; qu'ils ne puissent se livrer

impunément à aucun acte arbitraire; et le meilleur moyen de parvenir à ce but désirable, c'est d'autoriser a donner la plus grande publicité à leurs actes, lorsqu'ils deviennent oppressifs; aussi la loi, sous ce rapport, a-t-elle déjà produit les plus heureux effets.

La preuve des faits allégués contre un dépositaire ou agent de l'autorité publique; peut être faite non-seulement par la représentation de jugemens ou autres actes publics; mais par toutes les voies ordinaires, c'est-à-dire, soit *par écrit,* soit même *par témoins;* sauf la preuve contraire, qui aurait été de droit, lors même qu'elle ne serait pas expressément réservée. Il était nécessaire, pour parvenir au but que le législateur se proposait, d'admettre la preuve, même *par témoins;* attendu que les dépositaires ou agens de l'autorité, pourraient avoir *abusé* de leur pouvoir, sans que la preuve en fût consignée dans un écrit; et que le défaut d'un écrit, constatant un acte abusif, ne peut être un motif suffisant pour en pallier l'injustice.

III. Lorsque la preuve des faits prétendus diffamatoires a été rapportée, le prévenu ne devient passible d'aucune peine; la société doit même de la reconnaissance à l'écrivain courageux qui les a dénoncés; mais, en déchirant le voile qui couvre les crimes des agens de l'autorité, il ne faut pas que l'on puisse être soupçonné d'avoir agi dans un esprit d'*injure;* d'où suit que, si l'imputation n'était pas *nécessairement dépendante* du fait, dont la publicité est autorisée par la loi, celui qui se la serait permise, se serait rendu coupable d'une véri-

table *injure :* mais il peut devenir assez difficile de
démêler cette *nécessité* qu'exige la loi ; et il aurait
peut-être mieux valu supprimer l'adverbe *nécessairement ,* qui pourra quelquefois embarrasser
les juges.

IV. *Les ministres du Roi ,* comme tous les autres
dépositaires ou agens de l'autorité publique , se
trouvent compris dans l'exception de l'article 20,
qui ne fait aucune distinction ; et qui, par la généralité de ses expressions, a compris, dans sa disposition, tous les agens de l'autorité publique : mais , *les
ministres des cultes ,* peuvent-ils être considérés
comme des dépositaires ou agens de l'autorité publique, dans le sens de l'article 20 ? S'ils ne sont pas,
dans la rigueur des termes , des dépositaires ou
agens de l'autorité publique, ils agissent bien évidemment *dans un caractère public,* lorsqu'ils remplissent les fonctions que l'autorité leur a confiées;
ce qui suffit pour leur rendre l'article applicable.

v. Il ne suffit pas, cependant, d'être *dépositaire
ou agent de l'autorité publique ,* pour que la preuve
de l'imputation soit admissible ; il faut qu'elle ait
porté sur un fait relatif *aux fonctions ,* que le dépositaire ou agent de l'autorité était chargé d'exercer
ou qu'il a exercées en cette qualité : mais il n'aurait
plus été dépositaire ou agent de l'autorité publique,
qu'il suffirait que l'imputation lui eût été faite, à
l'occasion de ses anciennes fonctions, pour que la
preuve en fût recevable.

VI. L'individu à qui l'imputation a été faite, n'aurait été, ni dépositaire, ni agent de l'autorité, que

s'il s'était rendu coupable du fait, en s'immissant dans des fonctions réservées par la loi aux dépositaires ou agens de l'autorité publique, la preuve en serait recevable ; attendu qu'il aurait agi *dans un caractère public :* l'usurpation de fonctions qu'il se serait permise, ne pourrait lui servir d'une égide salutaire.

ARTICLE XXI.

Le prévenu qui voudra être admis à prouver la vérité des faits dans le cas prévu par le précédent article, devra, dans les huit jours qui suivront la notification de l'arrêt de renvoi devant la Cour d'assises, ou de l'opposition à l'arrêt par défaut rendu contre lui, faire signifier au plaignant,

1° Les faits articulés et qualifiés dans cet arrêt desquels il entend prouver la vérité ;

2° La copie des pièces ;

3° Les noms, professions et demeures des témoins par lesquels il entend faire sa preuve.

Cette signification contiendra élection de domicile près la Cour d'assises ; le tout à peine d'être déchu de la preuve.

I. En autorisant le prévenu de rapporter la *preuve* des faits diffamatoires, lorsque l'imputation a été faite à un dépositaire ou agent de l'autorité publique, l'article 21 y a mis des conditions tellement impératives, qu'à défaut de les remplir, il y déclare le prévenu *non-recevable ;* mais cet article

11

ne dispose que pour le cas de prévention de *délits;* s'il y avait prévention de *crimes,* l'accusé serait autorisé de s'aider de tous moyens de *droit* pour établir son innocence. Nous n'avons pas à nous oc-cuper des motifs qui ont pu déterminer le législa-teur à déroger au droit commun, quant aux *délits* commis par la voie de la presse ou par tout autre moyen de publication ; nous devons les respecter, sans chercher à en apprécier le mérite.

11. Les conditions imposées au prévenu pour rendre recevable la preuve des faits allégués, sont au nombre de *cinq;* et d'abord, il doit *dans les huit jours* de la notification qui lui est faite de l'arrêt de renvoi à la Cour d'assises, ou de l'opposition qu'il a formée à l'arrêt de condamnation intervenu *par défaut* contre lui, faire les *significations* or-données par l'article 21 ; de sorte qu'il doit les faire au plus tard, le *neuvième jour,* compris celui de la *notification* de l'arrêt de renvoi ou de l'*opposi-tion* à l'arrêt par défaut : mais, si le *dernier jour* du délai était un jour *férié,* le *lendemain,* ne serait-il pas encore un jour *utile?* Il le serait, sans doute, si les significations de cette nature ne pouvaient être faites un jour *férié;* car l'article 21 donne *huit jours* pour les faire, ce qui doit s'enten-dre de huit jours *utiles;* et le prévenu n'en au-rait réellement que *sept,* s'il lui était interdit de les faire le huitième, à raison de la férie de ce jour ; mais on peut faire tous les actes de procédure et d'instruction, en matière *criminelle,* les jours *fé-riés,* aux termes de la loi du 27 thermidor an 6;

d'où suit, que si le prévenu n'avait pas fait les significations exigées, le *huitième* jour, sous le prétexte
que ce jour aurait été un dimanche ou un autre jour
férié, il se serait constitué en *déchéance*.

L'article 21 n'a pas parlé des jours supplémentaires
à raison *de la distance;* et cependant, il pourrait
arriver que le prévenu se trouvât dans un si grand
éloignement du lieu où siége la Cour d'assises, qu'il
se vît dans l'impossibilité de remplir le vœu de la loi:
aussi les jours supplémentaires sont-ils accordés en
pareil cas, par l'article 1055 du Code de procédure
civile, auquel il n'a pas été dérogé par la loi nouvelle:
ils sont d'un jour, à raison de trois myriamètres de
distance.

III. Le prévenu doit déclarer quels sont les *faits*
mentionnés dans l'arrêt dont il entend rapporter la
preuve; mais, s'il entend les prouver *tous,* il lui suffira d'en faire la déclaration, sans qu'il soit tenu
d'entrer, à cet égard, dans des détails plus circon-
stanciés.

IV. L'article 21 ayant laissé la *faculté* au prévenu de faire les significations ordonnées, dans les
huit jours de la *notification de l'arrêt de renvoi* ou
dans les huit jours *de son oppositition à l'arrêt
rendu par défaut,* il devrait se garder de comparaître au jour indiqué pour le jugement, s'il n'avait
pas fait la signification requise, dans les huit jours
de la notification de l'arrêt de renvoi; car il se
trouverait privé, par ce moyen, du nouveau délai
qui lui est accordé; et la déchéance qu'il aurait en-

courue, lui fermerait la voie qui lui reste ouverte,
lorsqu'il s'est laissé condamner par défaut.

Le législateur a voulu donner au prévenu le temps
moral de se procurer les *pièces* dont l'article 21 lui
ordonne de faire délivrer *copie ;* la recherche à en
faire, peut entraîner, en effet, beaucoup de longueurs;
et il serait même possible que le plaignant parvînt, à
l'aide de quelques manœuvres, à empêcher que le
prévenu se les procurât.

Si le dépositaire des pièces refusait d'en délivrer
des expéditions, il faudrait que le prévenu fît constater le refus par un procès-verbal régulier, et qu'il
fît faire la signification de ce procès-verbal, dans le
délai fixé pour la production desdites pièces; ce qui
suffirait pour couvrir la fin de non-recevoir; car à
l'impossible nul n'est tenu; et le prévenu n'a pas
de voie coercitive pour contraindre le dépositaire :
cependant, le procès-verbal ne pourrait remplacer
la pièce, pour le jugement *du fond,* et le prévenu
devrait conclure subsidiairément, à ce que, dans le
cas où le plaignant dénierait l'existence de la pièce,
il fût ordonné, par avant faire droit, que le dépositaire serait tenu de l'apporter au greffe de la Cour
ou d'en délivrer une expédition en forme légale,
dans le délai qui serait fixé.

v. La quatrième condition qui est imposée au
prévenu, est celle de signifier au *plaignant, les
noms, professions et demeures* des témoins qu'il
se propose de faire entendre; afin de mettre en
état le plaignant, de prendre sur le compte de ces
témoins, les renseignemens convenables : mais ac-

corder *huit jours* au plaignant pour prendre ces renseignemens, lorsqu'il n'est accordé que *vingt-quatre
heures* à l'accusé de crimes, dans le même cas,
cela peut paraître un peu étrange : le fait allégué par le
prévenu est *vrai* ou il est *faux*, et personne ne peut
mieux savoir que le plaignant, ce qu'il en est à cet
égard : si le fait est *vrai*, il importe qu'il ne soit
mis aucun obstacle à ce que la preuve soit rapportée ; s'il est *faux*, le plaignant n'a pas à redouter qu'il
soit prouvé par *titres* ni par *témoins* ; son innocence triomphera nécessairement : si les pièces qui
ont été produites sont *fausses*, le plaignant s'in-
scrira en *faux* ; si les témoins rendent *faux témoignage*, il les confondra facilement aux débats.

VI. L'article 21 impose pour cinquième condition au prévenu, et toujours sous peine de déchéance, d'élire *domicile* dans le lieu où siège la Cour
d'assises ; afin, sans doute, que toutes significations
puissent lui être faites à ce domicile : la même
obligation est bien imposée au plaignant ; mais
à défaut par lui d'élire domicile, la loi porte seulement, que toutes significations lui seront valablement faites *au greffe de la Cour* : il semblait cependant assez naturel, que le prévenu ne fût pas
plus sévèrement traité que le plaignant. Il peut, au
surplus, paraître d'une bien grande sévérité, de faire
produire la déchéance à la simple omisssion d'avoir
élu domicile dans le lieu où siège la Cour, lorsque
cette élection de domicile pouvait être aussi facilement remplacée qu'elle l'a été par l'article 24 pour
le plaignant.

Si le prévenu avait son domicile *dans le lieu,* et qu'il l'eût mentionné dans l'exploit de signification, il aurait suffisamment rempli le vœu de la loi.

VII. Quoique l'article 21 se termine par les mots, LE TOUT *à peine d'être déchu* de la preuve, cette disposition ne peut s'entendre que *sub modo ;* c'est-à-dire, qu'à défaut de signification des *copies de pièces,* la preuve par *témoins* n'en serait pas moins recevable, si les noms, prénoms et demeures des témoins avaient été suffisamment indiqués ; *et vice versâ,* si la copie des pièces avait été délivrée dans le délai prescrit.

Si les noms, prénoms et demeures de *quelques-uns* des témoins seulement, n'avaient pas été indiqués, il n'y aurait que ces témoins qui ne pourraient être produits aux débats ; il n'en résulterait pas la déchéance de la preuve par *d'autres témoins,* que l'exploit de signification aurait désignés dans la forme indiquée.

VIII. En ordonnant que la notification sera faite au *plaignant,* l'article 21 semble sous-entendre que le *plaignant* se sera rendu *partie civile ;* car, s'il n'était pas intervenu au procès en cette qualité, il ne serait pas *partie dans là cause ;* et il aurait pu paraître contraire aux premières règles de l'ordre judiciaire d'exiger des notifications à faire à des personnes qui n'auraient pas été *parties en cause :* on ne peut, néanmoins, se dissimuler, que l'article parle du plaignant sans restriction, et l'on ne perd pas la qualité de plaignant en ne se rendant pas *partie civile*. Ce qui a pu déterminer le législateur à vouloir que la signification fût faite au *plaignant,* c'est que le plaignant peut se rendre PARTIE CIVILE, *en tout état de cause.*

La notification qui serait faite à la *partie publique,* ne remplacerait pas celle qui doit l'être au plaignant, qui a personnellement intérêt à ce que sa plainte soit couronnée du succès ; qui peut d'ailleurs, jusqu'à la prononciation du jugement, se *désister* de sa plainte et par ce moyen, arrêter les poursuites de la partie publique, ainsi que nous l'avons établi.

De là naît la question de savoir, si la déchéance que prononce l'article 21 est *absolue* ou simplement *relative?* En principe général, les nullités ne doivent être considérées comme *absolues,* que lorsqu'elles intéressent *l'ordre public;* et loin que, dans le cas de l'article 21, la déchéance intéresse l'ordre public, elle tendrait, au contraire, à soustraire le dépositaire ou l'agent de l'autorité publique à l'action de la justice, si sa culpabilité devait résulter de la preuve offerte ; d'où suit évidemment, que la déchéance n'a été prononcée et que même elle n'a pu l'être, que dans l'unique intérêt du plaignant ; que dès lors, il doit lui être loisible de ne pas la proposer, même de s'en départir après l'avoir proposée ; ce qu'il fera, s'il ne s'est pas rendu coupable du fait qui lui est imputé ; car il lui importe de détruire jusqu'au plus léger soupçon qui peut planer sur son honneur et sa considération; et il ne peut ignorer, que celui qui ne parvient à obtenir une *réparation,* que par suite d'une dé-

chéance, n'est pas entièrement réhabilité dans l'opinion publique. Le plaignant qui n'obtient qu'une
réparation de cette espèce, n'en peut retirer d'autre
avantage, que le triste plaisir d'avoir fait condamner
un innocent : s'il existe, en effet, des pièces à l'appui
de l'imputation, et qu'elles soient de nature à constituer la prévention d'un crime ou d'un délit, le prévenu n'en aurait pas fait faire à temps la notification,
que la partie publique devrait s'en emparer et diriger des poursuites en conséquence ; et qu'elle
pourrait même s'aider des témoignages des individus appelés comme témoins aux débats, qui
n'auraient été rejetés que par défaut d'indication
suffisante.

Le dépositaire ou l'agent de l'autorité publique,
qui est fort de son innocence, sait mépriser l'injure ; sa conduite passée, sa conduite présente, le
justifient mieux que ne pourraient le faire tous les
jugemens qu'il obtiendrait : il ne voudra pas
courir le risque de se voir faire l'application de ce
viel adage si connu ; *qui rehabilitat, notat.*

ARTICLE XXII.

*Dans les huit jours suivans, le plaignant sera
tenu de faire signifier au prévenu, au domicile
par lui élu, la copie des pièces, et les noms, professions et demeures des témoins par lesquels il
entend faire la preuve contraire; le tout également sous peine de déchéance.*

1. La même déchéance est prononcée contre le

plaignant par l'article 22, que celle qui l'a été par l'article 21 contre le prévenu; mais seulement, lorsqu'il n'a pas fait signifier, *dans les huit jours* qui ont suivi la notification exigée par ledit article 21, la copie des pièces dont il entend se prévaloir et les noms, prénoms et demeures des témoins qu'il se propose de faire entendre; sauf néanmoins l'exception portée dans l'article 23 : mais s'il lui est ordonné par l'article 24 d'élire domicile dans le lieu où siége la Cour d'assises, la loi n'attache d'autre peine à l'inobservation de cette formalité, que d'autoriser à lui faire toutes notifications *au greffe de la Cour.*

II. *Les huit jours* qui sont accordés au plaignant, pour faire la signification ordonnée par l'article 22, commencent à courir *du jour de la notification qui lui a été faite,* et non pas seulement de celui de l'*expiration du délai de huitaine,* qui est accordé au prévenu par l'article 21, et qu'il peut avoir devancé.

III. Il ne suffirait pas au plaignant de faire la notification prescrite par l'article 22 au domicile *réel* du prévenu, il doit la lui faire parlant *à sa personne* s'il est *en arrestation,* aux termes de l'article 23; et s'il est en liberté, à son domicile *élu,* l'article 22 parlant *restrictivement* de ce domicile; ce qui est fondé en raison; car l'on doit naturellement supposer, que c'est à ce domicile que le prévenu a déposé les pièces et laissé les renseignemens qui doivent servir à sa défense.

iv. Les articles 21 et 22 ayant prononcé la *dé-chéance* de la preuve, lorsque les noms, prénoms et demeures des témoins n'ont pas été signifiés dans le délai fixé, ont rapporté, pour ce cas, la disposition du Code d'instruction criminelle, qui autorise les présidens des Cours d'assises d'appeler aux débats *telles personnes* qu'il leur plaît, pour y donner des renseignemens; attendu que, pour donner des renseignemens, il faut faire une déclaration, et qu'une déclaration faite aux débats est une véritable déposition, à laquelle il ne manque que le sceau du serment; d'où suit que, si des témoins dont les noms, prénoms et demeures n'auraient pas été indiqués dans les significations exigées par les articles 21 et 22, pouvaient être appelés aux débats, en vertu du pouvoir discrétionnaire du président, le vœu de la loi se trouverait éludé.

ARTICLE XXIII.

Le plaignant en diffamation ou injure pourra faire entendre des témoins qui attesteront sa moralité : les noms, professions et demeures de ces témoins seront notifiés au prévenu ou à son domicile, un jour au moins avant l'audition.

Le prévenu ne sera point admis à faire entendre des témoins contre la moralité du plaignant.

i. Les obligations qui sont imposées au plaignant et au prévenu par les articles 21 et 22, maintenaient une certaine balance entre eux; mais il n'en est plus de même, au cas de l'application de l'article 23; la chance alors n'est plus égale, puisque c'est au plaignant *seul* que l'article réserve de faire attester sa moralité par des *témoins*.

Pourquoi cette faveur particulière est-elle accordée au seul plaignant? Si la moralité du plaignant doit influer sur le jugement, pourquoi la moralité du prévenu n'obtiendrait-elle pas le même avantage?

Non-seulement, l'article 23 ne réserve pas au prévenu la faculté de rapporter la preuve de sa moralité, lorsque c'était au seul accusé que le Code d'instruction criminelle en accordait le droit; il lui interdit même de rapporter la preuve *contraire*, à celle qui peut être faite par le plaignant, pour établir sa prétendue moralité.

Quelques personnes ont prétendu que cette disposition de l'article 23 était fondée sur ce que, dans le cas de diffamation, la réparation doit être proportionnée à la considération que peut mériter le dépositaire ou l'agent de l'autorité publique, qui a rendu plainte; mais si c'est par la moralité des individus que l'affaire doit être jugée, c'était une raison de plus, de ne pas interdire la preuve *contraire*, ou tout au moins, d'admettre le prévenu comme le plaignant, à rapporter la preuve de sa propre moralité; il ne fallait pas le priver de ce moyen d'atténuation de son délit.

La preuve autorisée par l'article 23 ne peut d'ailleurs être d'aucune influence dans la cause, dans ses rapports avec le plaignant; car si le fait qui lui est imputé est *vrai*, il serait de la moralité la plus exemplaire, qu'il n'en aurait pas droit, pour cela, à

une *réparation ;* et que le prévenu n'en devrait pas
moins être acquitté, puisqu'il n'y aurait pas eu *diffamation :* ce n'a donc été que pour aggraver l'importance de la condamnation du prévenu, que le
plaignant a été autorisé de rapporter la preuve de sa
moralité ; et la chose considérée sous ce point de
vue, quel pouvait être le motif de refuser au prévenu la faculté de faire la preuve contraire ?

II. Le diffamateur ne mérite, sans doute, aucune
faveur ; mais la justice est due au prévenu de diffamation comme à tous les autres prévenus ; et la
justice exige que tout prévenu puisse user, pour sa
défense, des mêmes armes que celles avec lesquelles il est attaqué.

Cette critique que nous nous permettons de l'article 23, n'a d'autre objet que d'établir la nécessité
de le modifier, et non pas d'engager à y désobéir ; car
nous l'avons dit dans l'épigraphe de notre ouvrage,
*lorsque la loi commande , la raison doit se taire ,
il faut y obéir ;* mais cela n'interdit pas d'*en contester la justice et la convenance, et d'en solliciter le changement.*

III. Le plaignant qui veut faire appeler des témoins aux débats pour attester sa moralité, n'est
pas tenu d'en faire signifier les noms, professions
et demeures, *dans les huit jours,* avant leur ouverture ; il lui suffit d'en donner la connaissance au
prévenu, un *seul* jour avant leur audition ; mais il
faut au moins qu'il y ait eu l'intervalle d'un jour
entre la notification et l'audition des témoins dili-
gentés ; de sorte que la notification qui aurait été

faite seulement la veille, serait *tardive ;* car l'article parle d'*un jour,* et non pas *de vingt-quatre heures,* qui ne présentent pas la même idée dans le sens des lois pénales.

ARTICLE XXIV.

Le plaignant sera tenu, immédiatement après l'arrêt de renvoi, d'élire domicile près la Cour d'assises, et de notifier cette élection au prévenu et au ministère public; à défaut de quoi toutes significations seront faites valablement au plaignant au greffe de la Cour.

Lorsque le prévenu sera en état d'arrestation, toutes notifications, pour être valables, devront lui être faites à personne.

1. L'article 24 suppose nécessairement, que l'arrêt de renvoi à la Cour d'assises doit être signifié au plaignant, ou qu'il doit, de toute autre manière, lui en être donné connaissance; puisque c'est *immédiatement* après que l'arrêt a été rendu, que le plaignant doit faire son élection de domicile au lieu où siége la Cour d'assises : cependant, l'article 17 porte simplement, que l'arrêt de renvoi sera signifié au *prévenu,* sans étendre sa disposition au plaignant; ce qui est d'autant plus remarquable, que l'article 19 exige que l'ordonnance qui fixe le jour indiqué pour plaider sur l'opposition, soit notifiée à l'un et à l'autre; d'où il semblerait résulter que, dans l'intention du législateur, l'arrêt de renvoi ne devrait réellement être notifié qu'au prévenu.

11. L'élection de domicile à faire par le plaignant, doit être notifiée au prévenu, *à sa personne* ou à son domicile *réel :* nous disons au domicile *réel* du prévenu, parce que, ce n'est qu'*après* que le plaignant a fait son élection de domicile, que le prévenu est tenu de faire la sienne ; pour qu'elle doive produire son effet, elle doit nécessairement lui être notifiée *a sa personne ,* lorqu'il est *en arrestation.*

III. L'article 24 n'a pas attaché de peine à l'inobservation de la formalité qu'il commande ; car ce n'en est pas une, que la simple autorisation que donne cet article au prévenu, de faire au greffe de la Cour, toutes les significations qui devraient l'être au plaignant, s'il avait élu domicile; le greffe de la Cour devient alors, en effet, son véritable domicile élu.

La loi a très bien fait, sans doute, d'indiquer un domicile fictif au plaignant qui a négligé d'en élire un ; mais nous en reviendrons toujours à demander pourquoi la même mesure n'a pas été prise à l'égard du prévenu? Et pourquoi l'article 21 lui impose l'obligation de faire son élection de domicile, *sous peine de déchéance,* lorsqu'il ne l'exige du plaignant que sous la simple modification , qu'à défaut de s'être conformé au vœu de la loi, les significations lui seront valablement faites au greffe de la Cour?

ARTICLE XXV.

Lorsque les faits imputés seront punissables selon la loi, et qu'il y aura des poursuites commencées à la requête du ministère public, ou que

l'auteur de l'imputation aura dénoncé ces faits,
il sera, durant l'instruction, sursis à la pour-
suite et au jugement du délit de diffamation.

I. Cet article prévoit le cas où le ministère public
a commencé des poursuites à raison de faits prétendus diffamatoires, et celui où l'auteur de l'imputation les a *dénoncés ;* il veut que dans l'un comme
dans l'autre de ces deux cas, il soit *sursis* à la poursuite et au jugement de la plainte en diffamation
mais ce qui doit être remarqué, c'est que le sursis
n'est ordonné que dans le cas où les faits prétendus
diffamatoires seraient *punissables,* suivant la loi,
si le plaiguant s'en était réellement rendu coupable.

II. Ce n'est qu'un simple *sursis* que la loi commande; mais elle le commande impérieusement ;
d'où suivent ces deux conséquences; la première,
que le sursis devrait être prononcé même d'*office*
par la Cour, s'il y avait preuve au procès qu'il y eût
des poursuites commencées, ou qu'il eût existé une
dénonciation des faits prétendus diffamatoires; la
deuxième, que l'instance sur la plainte en diffamation doit être reprise et suivie d'après ses derniers
errémens, lorsqu'il est intervenu jugement définitif
sur les poursuites ou sur la dénonciation, et que le
jugement a été favorable à la partie plaignante.

III. Le sursis peut être ordonné, *en tout état de*
cause ; mais si le prévenu était tombé en déchéance
de sa preuve, avant que le sursis eût été prononcé, en serait-il relevé par l'arrêt qui prononcerait le sursis? Il nous semble qu'il faudrait distin-

guer le cas où la Cour aurait eu connaissance des poursuites ou de la dénonciation, *avant* la déchéance encourue, de celui où la connaissance ne lui en serait arrivée que *depuis* que la déchéance aurait été acquise : dans ce dernier cas, la déchéance devrait produire tout son effet, le prévenu ayant à s'imputer d'avoir négligé d'instruire la Cour ; dans le premier cas, au contraire, l'article 25 portant simplement *qu'il sera sursis*, sans charger le prévenu d'en former la demande, l'on devrait supposer que, si le prévenu ne l'a pas formée, c'est qu'il a dû s'en reposer sur la Cour, de l'exécution de la loi.

iv. Pour ordonner le sursis, il suffit qu'il y ait poursuites *commencées* ou *dénonciation;* mais les poursuites doivent-elles avoir été commencées *avant* que la plainte en diffamation ait été portée? La dénonciation doit-elle l'avoir *précédée?* L'article 25 ne s'explique catégoriquement, ni sur l'un ni sur l'autre de ces points; mais comme il y a même raison de décider, que les poursuites aient été antérieures ou postérieures à la plainte, lorsqu'elles portent sur des faits qualifiés *crimes* ou *délits* par la loi ; et que lorsqu'elles sont *antérieures,* le sursis est de *rigueur,* il paraît naturel de penser qu'il devrait en être de même, lorsqu'elles ne seraient venues que *postérieurement.*

v. L'article 25 n'ayant prévu que le cas où l'auteur de l'imputation s'est rendu le dénonciateur, la dénonciation qui aurait été faite par une personne étrangère, ne pourrait produire son effet, qu'autant qu'il aurait été fait *des poursuites* en conséquence; et s'il en avait été fait, ce ne serait plus la *dénonciation* qui autoriserait le sursis, mais les *poursuites*.

Le prévenu pourrait s'aider de la dénonciation faite par un *tiers,* en déclarant qu'il y adhère; mais il ne devrait pas faire inconsidérément une pareille déclaration; car, si la dénonciation venait à être déclarée calomnieuse, il aurait aggravé sa faute, de manière à rendre sa condamnation et plus certaine et plus sévère.

Sous l'empire du Code d'instruction criminelle, dont l'article 372 se trouvait rédigé dans les mêmes termes à peu près, que l'est l'article 25 de la présente loi, la Cour de cassation jugea, le 20 mai 1815, que la *dénonciation* devait avoir précédé la plainte en calomnie; mais on ne peut tirer aucune induction de cet arrêt, pour ce qui doit se pratiquer aujourd'hui; attendu que l'article 26 de la loi du 17 a prononcé l'abrogation dudit article 372, de sorte que la question reste entière; et comme il est d'une exacte justice, qu'un prévenu ne puisse être condamné tant qu'il y a de l'incertitude sur sa culpabilité; et que l'incertitude règne nécessairement, sur la réalité du délit de diffamation, tant qu'il n'est pas prouvé juridiquement que le prévenu en a imposé, il faut tenir que la dénonciation faite, même *depuis* que la plainte en diffamation a été portée, nécessite le sursis à l'instruction et au jugement de la plainte: il pourra bien en résulter quelques retards pour le jugement à intervenir; mais le plus grand mal de tous serait de condamner le prévenu pour un fait, que la loi l'aurait autorisé de publier, et d'or-

donner, à raison de la publication de ce fait, une
réparation envers le plaignant, qui serait condamné
lui-même, par suite de la dénonciation, à des peines
publiques, pour le fait dont il aurait rendu plainte.

ARTICLE XXVI.

*Tout arrêt de condamnation contre les auteurs
ou complices des crimes et délits commis par
voie de publication, ordonnera la suppression ou
la destruction des objets saisis, ou de tous ceux
qui pourront l'être ultérieurement, en tout ou en
partie, suivant qu'il y aura lieu pour l'effet de la
condamnation.*

*L'impression ou l'affiche de l'arrêt pourront
être ordonnées aux frais du condamné.*

*Ces arrêts seront rendus publics dans la même
forme que les jugemens portant déclaration d'absence.*

1. La Cour qui prononce la *condamnation* du
prévenu, *doit* ordonner la suppression ou la destruction des objets saisis, ce qui en est une conséquence; car il ne peut y avoir condamnation, que
dans le cas de provocation, de diffamation ou d'injure, et l'écrit, le dessin ou la gravure qui la constitue, ne pourrait rester en circulation, sans la per-
pétuer: mais ce n'est pas dans un esprit de *vexation*
que la suppression ou la destruction doit être ordonnée; de sorte qu'elle ne doit être prononcée
qu'en partie, lorsqu'il ne se trouve dans l'ouvrage,
que quelques mots ou quelques pages de répréhen-

sibles ; la loi l'autorise, et on peut dire même qu'elle le commande.

II. Lorsque la suppression ou la destruction a été ordonnée, si des exemplaires de l'ouvrage étaient remis en circulation, ils pourraient être *ultérieurement* saisis, et la personne sur laquelle ils l'auraient été, poursuivie et condamnée aux peines prononcées par l'article 27 ; mais pour en autoriser la saisie, il faudrait qu'il y eût réquisition de la partie offensée ; car ce serait l'exercice d'une nouvelle action qui ne pourrait, non plus que la première, être suivie que sur la plainte de la partie intéressée.

III. Lorsqu'il a été procédé à d'ultérieures saisies, l'affaire doit être portée devant les juges du *domicile* de la partie saisie ; c'est un fait nouveau qui est dénoncé à la justice, pour raison duquel le prévenu ne peut être distrait de ses juges naturels ; mais alors, la question à juger se réduit au point de fait de savoir, si c'est bien réellement l'ouvrage condamné qui a été remis en circulation.

IV. L'article 26 autorise la Cour qui prononce la condamnation du prévenu, d'ordonner que l'arrêt sera *imprimé* et *affiché* aux frais du condamné ; mais c'est une simple *faculté* que l'article accorde, et non pas une obligation qu'il impose : il ne dit pas si l'impression et l'affiche peuvent être ordonnées d'*office*, ni si elles pourraient l'être, sur le simple réquisitoire du ministère public, lorsque les poursuites n'ont eu lieu que sur la *plainte* de la partie offensée; de sorte que les choses ont été laissées dans les termes du droit commun; et dans l'état de la jurisprudence, l'impression et l'affiche ne peuvent être prononcées, que sur les conclusions du plaignant, et pour lui tenir lieu de plus amples réparations.

v. *L'impression* peut être ordonnée sans que *l'affiche* le soit, et *l'affiche* sans *l'impression;* la Cour étant autorisée à ne prononcer *ni* l'une *ni* l'autre, l'est par suite à ne prononcer que l'une ou l'autre.

vi. Mais, ce qui n'est pas une simple *faculté*, c'est la disposition par laquelle l'article 26 exige que les arrêts de condamnation soient rendus *publics,* dans la même forme que les jugemens portant déclaration d'absence: pour savoir quelles sont les formalités à observer, en pareil cas, il faut consulter les dispositions du chapitre II, livre 1er, titre IV du Code civil.

vii. La loi du 26 mai, supposant dans tous ses articles, qu'il a été procédé à une saisie, il peut s'élever une difficulté assez sérieuse sur la question de savoir, si des poursuites seraient autorisées pour cause de provocation ou de diffamation résultante d'écrits dont il n'y aurait pas eu de saisie préalable. Si la pièce qui sert de fondement à l'action, n'était pas mise sous les yeux des juges, comment leur conscience pourrait-elle être suffisamment éclairée? Comment le jury qui doit apprécier les faits, pourrait-il s'assurer de leur réalité? La simple

dénégation du prévenu suffirait alors, pour faire prononcer son renvoi. On pourra bien dire que la preuve
des crimes et délits, peut être faite par toutes les
voies de droit, et que la preuve par *témoins* est
l'une de ces voies ; mais les délits de la nature de
celui-ci, ne doivent pas être jugés d'après les principes *généraux*, du moment qu'ils se trouvent régis
par une législation *spéciale* qui y déroge, au moins,
d'une manière implicite.

ARTICLE XXVII.

*Quiconque, après que la condamnation d'un
écrit, de dessins ou gravures, sera réputée connue par la publication dans les formes prescrites
par l'article précédent, les réimprimera, vendra
ou distribuera, subira le* maximum *de la peine
qu'aurait pu encourir l'auteur.*

I. Pour rentrer dans l'application de cet article,
il faut que la condamnation ait été *connue* d'une
manière légale, c'est-à-dire, par son insertion *dans
le Journal officiel ;* ce qui doit donner une riche
mine à exploiter au propriétaire de ce journal ; et,
en effet, les imprimeurs et les libraires qui ne vou-
dront pas s'exposer à se voir poursuivis pour sem-
blable cause, devront y être abonnés, et avoir
perpétuellement ce journal sous la main.

II. Cet article place sur la même ligne, le *libraire
qui vend* et *l'individu qui distribue*, que *l'imprimeur qui réimprime ;* mais il ne prononce rien
sur le fait de l'*exposition* et *de la mise en vente ;*

d'où l'on peut conclure, que dans l'un ni dans l'autre de ces cas, la condamnation à prononcer contre le prévenu de simple exposition ou mise en vente, ne devrait pas être nécessairement condamné au *maximum* de la peine, comme dans ceux de réimpression, de vente ou de distribution; le délit rentrerait alors dans la classe commune des délits de ce genre.

III. Il semblerait résulter des dispositions de l'article 27 qu'il y aurait lieu à poursuites et à condamnation pour le simple fait de *réimpression ;* mais ce n'est pas ainsi que l'article doit être entendu ; il faut qu'il y ait eu *publication,* et la simple réimpression n'est pas une *publication,* puisque la publicité ne pourrait même résulter du dépôt qui serait fait des exemplaires de la réimpression : il est possible que l'imprimeur, lorsqu'il a réimprimé, ignorât la condamnation de l'ouvrage; et, que quand il l'aurait connue, mieux inspiré, il ne l'eût pas mis en émission.

ARTICLE XXVIII.

Toute personne inculpée d'un délit commis par la voie de la presse, ou par tout autre moyen de publication, contre laquelle il aura été décerné un mandat de dépôt ou d'arrêt, obtiendra sa mise en liberté provisoire, moyennant caution. La caution à exiger de l'inculpé ne pourra être supérieure au double du maximum de l'amende prononcée par la loi contre le délit qui lui est imputé.

I. Cet article suppose qu'il peut être décerné des mandats de *dépôt* et d'*arrêt* contre les prévenus de *délits,* commis par la voie de la presse ou par tout autre moyen de publication ; mais il ne permet pas que, dans le cas où il en a été décerné, la *liberté provisoirx* puisse être *refusée* à l'individu qui s'en trouve frappé, lorsqu'il offre de donner *caution ;* et c'est un des heureux changemens; qui s'est opéré dans la législation.

II. La caution *ne peut* être exigée d'une somme qui soit supérieure au double du *maximum* de l'amende, que la loi prononce pour le genre de délit qui fait l'objet de la poursuite ; mais elle peut être *moindre ;* c'est au juge de la fixer.

III. La caution peut être offerte *en tout* état *de cause ;* mais elle doit avoir fait sa soumission *avant* que le prévenu soit mis en liberté.

IV. Si le cautionnement est fait en *immeubles,* les titres de propriété doivent être déposés pour être examinés ; il peut être fait en *argent ;* le prévenu peut même être sa propre *caution.*   –

Lorsque le cautionnement est fait en argent, le montant doit en être versé dans la caisse du receveur de l'enregistrement du lieu, aux termes de l'article 5 de la loi du 9 juin 1819.·

V. Pendant le cours de l'instruction, c'est au juge qui s'en trouve chargé, qu'il appartient de prononcer sur la demande en élargissement provisoire du détenu : lorsque la chambre de conseil a rendu son ordonnance, c'est à la chambre d'accusation que le prévenu doit s'adresser : si la chambre d'accusation se trouvait dessaisie par son arrêt de renvoi, ce serait au président de la cour ou du tribunal, devant lequel le renvoi aurait été fait, que la demande devrait être adressée : la Cour d'assises ne pourrait être appelée à en délibérer, que sur l'opposition qui serait formée à l'ordonnance du président ; car il ne s'agit pas ici d'un jugement proprement dit, mais d'une simple formalité à remplir, et cette formalité rentre tout entière dans les attributions du président, comme elle rentrait dans celle du juge d'instruction, tant qu'il ne se trouvait pas dessaisi, par l'ordonnance de la chambre du conseil.

VI. La loi n'exige pas que le prévenu se constitue *prisonnier* pour obtenir *sa liberté provisoire;* le législateur n'aurait pas même eu de motif raisonnable de le vouloir ainsi, dès qu'il ne donnait pas aux tribunaux, la faculté de refuser le cautionnement offert ; aussi l'article 28 parle-t-il de la *liberté provisoire d'une manière indéfinie ;* ce qui embrasse tous les cas.

VII. La caution ne s'oblige pas de *représenter* le prévenu ; mais uniquement de répondre des *condamnations* qui pourraient être prononcées, *jusqu'à la concurrence du montant de son cautionnement.*

VIII. L'article 28 n'a pas prévu le cas où le juge aurait refusé d'accorder la liberté provisoire au prévenu, ni celui où il aurait fixé le cautionnement à une somme plus forte, que le *double* du *maximum* de l'amende : si pareille chose arrivait, ce qu'il faut prévoir, il faudrait se pourvoir par opposition ou par appel, contre l'ordonnance ou le jugement qui l'aurait ainsi prononcé, ou en cassation contre l'arrêt : dans l'un et l'autre cas, le prévenu serait fondé, dans la prise à partie, contre le juge qui lui aurait ainsi dénié la justice.

IX. Pour fixer la quotité du cautionnement, le juge ne doit prendre en considération que les faits *articulés* et *qualifiés* dans le réquisitoire, dans l'ordonnance de la chambre du conseil ou dans l'arrêt de renvoi, suivant que la liberté provisoire a été demandée, sous l'empire de l'un ou de l'autre de ces erremens de l'instruction.

X. Nous avons dit que l'article 28 suppose la faculté de décerner des mandats de *dépôt* et d'*arrêt* contre le prévenu ; mais le suppose-t-il même à l'égard de l'*éditeur responsable ?* Si ce n'est que pour assurer le recouvrement des condamnations, que le juge est autorisé de décerner des mandats de cette nature, il semble en résulter, assez clairement, qu'il ne peut en décerner *contre l'éditeur responsable*, lorsque cet éditeur a déjà fourni un cautionnement suffisant pour subvenir au paiement des condamnations : le mandat ne pourrait être décerné, dans un pareil état de choses, que dans un esprit de vexation, que la justice ne peut autoriser.

Si le cautionnement qui a été fourni par l'éditeur responsable ne suffisait pas pour le mettre à l'abri des mandats de dépôt et d'arrêt, il faudrait en conclure qu'il devrait en fournir un *nouveau*, lorsqu'il aurait été mis sous le poids d'un pareil mandat ; et cependant, la loi du 9 juin, l'oblige seulement à *compléter* son cautionnement, dans la quinzaine de la condamnation qui a été prononcée contre lui ; ce qui suppose que le législateur a regardé le cautionnement fourni, comme une garantie suffisante.

L'éditeur responsable aurait été le rédacteur de l'article qui donnerait lieu aux poursuites, que le cautionnement qu'il aurait fourni, devrait encore suffire, pour empêcher qu'il fût décerné contre lui aucun mandat de dépôt ou d'arrêt ; car dans ce cas, comme dans le précédent, le cautionnement fourni par l'éditeur responsable n'en couvrirait pas moins le montant des condamnations qui pourraient être prononcées.

ARTICLE XXIX.

L'action publique contre les crimes et délits commis par la voie de la presse, ou tout autre moyen de publication, se prescrira par six mois révolus, à compter du fait de publication qui donnera lieu à la poursuite.

Pour faire courir cette prescription de six mois, la publication d'un écrit devra être précédée du dépôt et de la déclaration que l'éditeur entend le publier.

S'il a été fait, dans cet intervalle, un acte de poursuite ou d'instruction, l'action publique ne

se prescrira qu'après un an, à compter du der-
nier acte, à l'égard même des personnes qui ne
seraient pas impliquées dans ces actes d'instruc-
tion ou de poursuite.

Néanmoins, dans le cas d'offense envers les
Chambres, le délai ne courra pas dans l'inter-
valle de leurs sessions.

L'action civile ne se prescrira, dans tous les
cas, que par la révolution de trois années, à
compter du fait de la publication.

1. L'article 29 établit une prescription particulière en matière de *délits,* et même de *crimes* commis par la voie de la presse ou par tout autre moyen
de publication : elle s'acquiert par *six.mois* révolus,
lorsque dans l'intervalle, il n'a été fait aucune poursuite ; ou par une discontinuation des poursuites
pendant *une année,* lorsqu'il en a été commencé :
mais pour faire courir le délai de *six mois,* il faut
qu'il y ait eu *dépôt* de l'écrit, et que l'éditeur ait
déclaré qu'il entendait le publier.

Le dépôt et la déclaration auraient même été
faits, que, dans le cas d'offense *envers les Chambres,*
le délai de *six mois* ne courrait pas *dans l'intervalle*
d'une session à l'autre; la prescription ne serait
acquise, que s'il s'était écoulé plus de *six mois* pendant la durée de leur session; mais il faudrait ratta-
cher le temps qui se serait écoulé pendant l'une des
sessions, à celui qui se serait écoulé pendant la
nouvelle; de sorte qu'il suffirait, pour qu'il y eût
prescription acquise, qu'en les réunissant, il se fût
écoulé six mois accomplis.

II. Ce qui vient d'être dit, n'est relatif, au surplus, qu'à l'exercice de l'*action publique;* car, quant à l'action *civile,* elle ne se prescrit, *dans tous les cas,* que par le laps *de trois années;* mais ce n'est plus seulement alors du jour du dépôt, que les *trois années* commencent à courir, elles commencent du jour de la *publication;* d'où suit que, lors même que l'ouvrage n'aurait pas été *déposé,* il suffirait qu'il eût été *publié,* depuis plus de *trois ans,* pour que la prescription de l'action *civile* fût acquise.

C'est de la publication faite, *dans quelque lieu que ce soit,* que courent les trois années, l'article 29 ayant parlé de la *publication,* sans y mettre de restriction.

III. Il ne suffirait pas, pour arrêter le cours de la prescription, que la plainte eût été présentée; qu'une autorisation, qu'une permission eussent été données; qu'une réquisition eût été faite, il faut qu'il y ait eu des poursuites commencées et dirigées contre un *individu* quelconque; car il est de principe reçu, que tout fait *étranger* à celui qui invoque la prescription, ne peut mettre obstacle à son accomplissement.

IV. Les lois antérieures à celle du 26 mai n'avaient parlé que du *dépôt* de l'ouvrage, sans ajouter, qu'il y aurait *déclaration* de la part de l'éditeur, *qu'il entend le publier;* mais alors, l'ouvrage déposé, pouvait être saisi préventivement, tandis qu'actuellement, il ne suffit plus *du simple dépôt,* pour que

l'ouvrage puisse être saisi; il faut, de plus, qu'il ait
été *publié :* la déclaration même qui aurait été faite,
que l'on entend le publier, serait insuffisante pour
autoriser la saisie, si l'ouvrage n'avait pas été
réellement publié; il faut qu'il y ait eu publication, par vente, distribution ou exposition en
vente; de sorte que, la déclaration a faire par
l'éditeur de l'ouvrage, qu'il entend le publier, n'est
exigée que pour faire courir le délai de la prescription; mais il suit, de ce que la prescription ne peut
commencer à prendre son cours que du jour
de la déclaration, qu'il importe aux éditeurs
d'ouvrages de ne pas négliger de remplir cette formalité.

L'article 15, titre II, de la loi du 21 octobre 1814,
ayant encore aujourd'hui force de loi, parle bien
aussi de *déclaration;* mais c'est d'une déclaration
à faire, *avant* l'impression, et simplement pour
avertir l'autorité, que tel ouvrage va être livré à
l'impression; ce qui n'a aucune coïncidence avec
celle prescrite par le second § de l'article 29 de la
présente loi.

v. La réserve que fait la loi à la partie *civile,* de
se pourvoir *dans les trois années,* à partir du jour
de la publication de l'ouvrage, n'est relative qu'aux
personnes à qui la loi réserve le droit d'exercer des
poursuites *directes;* quant à celles qui ne sont
autorisées qu'à provoquer des poursuites *d'office,* la prescription s'acquiert irrévocablement
par leur silence, *pendant six mois,* dès qu'après

l'expiration de ce délai, il ne peut plus être fait de poursuite *d'office*.

vi. La partie civile serait encore *dans les trois années* de la publication, que si elle avait porté *plainte,* et que s'il était intervenu un jugement d'acquit en faveur du prévenu, il ne serait plus recevable à exercer une nouvelle action par la voie civile; attendu qu'il aurait été virtuellement représenté dans les poursuites, par la partie publique, à laquelle il aurait confié le soin de lui obtenir justice.

Il en serait de même, si les poursuites qui auraient été commencées sur la plainte, à la requête de la partie publique, étaient tombées en péremption; car il y aurait même raison de décider.

ARTICLE XXX.

Les délits commis par la voie de la presse ou par tout autre moyen de publication, et qui ne seraient point encore jugés, le seront suivant les formes prescrites par la présente loi.

1. Cet article n'est que transitoire; il est purement relatif aux formalités qui doivent être observées dans la poursuite des affaires qui étaient commencées, lors de la publication des nouvelles lois.

Quant à la nature des peines à appliquer, ce sont les moins sévères de celles qui ont été prononcées par les anciennes ou par les nouvelles lois, pour la répression du délit qui fait la matière des poursuites.

En ce qui est de la prescription, il suffit que l'on puisse la faire résulter des dispositions des anciennes ou des nouvelles lois.

II. Mais s'il avait été commencé des poursuites *d'office*, sous l'empire des anciennes lois, sans que les parties lésées en eussent fait la *réquisition*, sans qu'elles les eussent *autorisées* ou *permises*, ou sans qu'elles en eussent rendu *plainte*, suivant les divers cas qui peuvent se présenter, les prévenus pourraient-ils être mis en jugement? Evidemment non; car la réquisition, l'autorisation, la permission ou la plainte sont exigées par les nouvelles lois, pour qu'il puisse être fait des poursuites d'*office* : c'est une condition *sine quâ non; d'où suit, que les poursuites commencées devraient être considérées comme non-avenues, si elles ne se trouvaient pas ravivées par la plainte, la réquisition, la permission ou l'autorisation du corps ou de la partie qui se prétendrait lésé; ce qui devrait avoir lieu, lors même qu'il serait intervenu un jugement en *premier ressort,* sur le réquisitoire du ministère public; les Cours d'appel n'étant pas plus investies que les tribunaux du premier degré, du droit de juger les affaires de cette nature, lorsqu'il n'y a pas eu plainte de la part des personnes qui prétendent avoir été lésées.

III. Le 25 novembre 1819, la Cour de cassation

jugea, qu'une affaire de ce genre qui se trouvait in-
struite lors de la publication de la loi du 26 mai, et
qui n'avait pas encore été jugée par le tribunal du
premier degré, devait être suivie dans la forme
prescrite par cette loi; mais, si le tribunal du premier degré avait jugé et que l'affaire fût pendante
sur l'appel, devant le tribunal du second degré, il,
n'en serait pas de même; car alors on ne se trouverait plus dans les termes de l'article 30, qui ne
s'occupe que du cas où l'affaire n'aurait pas encore
été jugée : elle n'aurait bien été jugée il est vrai, qu'à
la charge de *l'appel*; mais l'article ne fait aucune
distinction, ce qui n'a rien de contraire à ce que
nous avons dit sous le,n° précédent; car il ne s'agit
ici que d'une simple *formalité* à remplir, tandis que
dans l'espèce du n° 2, la loi dénie même l'*exercice
de l'action*, lorsque la personne qui se prétend lésée n'a pas rendu plainte.

ARTICLE XXXI.

La loi du 28 février 1817 est abrogée.
*Les dispositions du Code d'instruction crimi-
nelle auxquelles il n'est pas dérogé par la présente loi, continueront d'être exécutées.*

1. La loi du 28 février 1817, autorisait la saisie
des ouvrages dans le cas de contravention aux dispositions de l'article 15, titre II, de la loi du 21 octobre 1814, ce qui faisait dépendre le sort de l'ouvrage de la simple négligence de l'imprimeur; d'où

il pouvait résulter un grand préjudice pour l'auteur, lorsqu'il n'y avait aucune faute à lui imputer. Ce vice dans l'ancienne loi a disparu avec la nouvelle, qui n'autorise plus la saisie que lorsque l'ouvrage est déféré aux tribunaux.

II. Si l'on voulait réellement la liberté de la presse, *l'état d'imprimeur* devrait être exercé aussi librement que tous les autres états ; il pourrait bien, sans doute, en résulter quelques inconvéniens, mais ne peut-il en résulter de plus graves encore, de la liberté illimitée qui est accordée aux armuriers, aux couteliers et à tant d'autres qui peuvent faire l'abus le plus funeste de leurs professions ? Qu'il fût porté des lois sévères contre les imprimeurs qui abuseraient de leur état, cela devrait être ; mais en proscrire l'exercice, ou ce qui revient à peu près au même, ne le tolérer que sous l'autorisation spéciale du gouvernement, c'est mettre des entraves à la faculté qui est accordée par la Charte de publier sa pensée et d'émettre son opinion par la voie de *l'impression.*

III. L'article 31, dans la seconde de ses dispositions, ordonne que le Code d'instruction criminelle continuera d'être exécuté dans tous les points auxquels il n'a pas été dérogé par la présente loi ; de sorte que le Code d'instruction criminelle continue d'être le droit commun, en la matière spéciale dont il s'agit, comme dans la poursuite des délits de tout autre nature ; mais il n'est pas nécessaire que la nouvelle loi ait *expressément dérogé* aux dispositions du Code, pour qu'elles demeurent sans application ; il suffit d'une dérogation *implicite,* qui résulte suffisamment de ce que quelques-unes des formalités à observer, aux termes des lois nouvelles, ne pourraient avoir lieu simultanément avec celles établies par le Code.

NOTA. Nous pouvons appuyer l'opinion que nous avons émise dans nos observations sur l'article 1ᵉʳ, n° 3, de la présente loi, du passage suivant, d'un ouvrage ayant pour titre : *Idées sur la Souveraineté, l'Autorité et les Droits individuels :* « Il faut dis-
» tinguer *deux espèces de délits ;* les actions essentiellement
» nuisibles en elles-mêmes, et les actions qui ne sont nuisibles
» que comme violation d'engagemens contractés. La juridiction
» de la société sur les premières est *absolue;* elle n'est que
» *relative* à l'égard des secondes ; elle dépend et de la nature
» de l'engagement *et de la réclamation de l'individu lésé.* Lors
» même que la victime d'un assassinat ou d'un vol voudrait
» pardonner au coupable, la société devrait le punir, parce
» que l'action commise est nuisible par son essence : mais,
» lorsque la rupture d'un engagement est consentie par toutes
» les parties contractantes ou intéressées, la société n'a pas le
» droit d'en prolonger la force d'exécution, comme elle n'a
» pas le droit de la dissoudre sur la demande d'une seule des
» parties. ».

§ III.

LOI DU 9 JUIN 1819,

Relative à la publication des journaux ou écrits périodiques.

OBSERVATIONS PRÉLIMINAIRES.

I. Tous les articles dont cette loi se compose, sont relatifs aux journaux et écrits périodiques, qui sont consacrés en tout ou en partie, *aux nouvelles ou matières politiques* ; et ils s'en occupent *restrictivement*, de sorte qu'ils ne pourraient en être fait application à d'autres cas, sans commettre un excès de pouvoir.

L'ordonnance du Roi du même jour, en a réglé le mode d'exécution.

II. Le projet de cette loi fut vivement débattu dans la Chambre des Députés, et il y avait, en effet, de bonnes raisons pour le faire rejeter ; aussi la loi ne fut-elle regardée, par ceux-là mêmes qui la votèrent, que comme purement *transitoire*, quoiqu'aucun terme ne fut assigné à sa durée.

III. La loi du 28 février 1817, qui ne permettait pas qu'aucun journal ou écrit périodique pût être publié sans l'autorisation du Roi, en avait perdu le caractère, depuis le 1er janvier 1818.

Cependant les journaux ne furent réellement émancipés que par la loi du 9 juin 1819 : plusieurs, dans l'intervalle, avaient été momentanément suspendus, sans même avoir été dénoncés à la justice pour leur contenu.

IV. En remplissant les conditions exigées par la loi du 9 juin, et lorsque la loi du 31 mars 1820 n'exercera plus son empire, les journaux et écrits périodiques pourront tout publier, pourvu qu'ils ne s'écartent pas de la *vérité* : il sera même de la plus haute importance qu'ils la disent *tout entière;* ce sera le moyen le plus efficace, de mettre un frein aux actes arbitraires des agens de l'autorité; tel, en effet, qui ne craindrait pas de s'en permettre s'il pouvait le faire dans l'ombre, n'osera plus s'y livrer lorsqu'il sera bien convaincu que sa conduite sera mise au grand jour.

V. La lecture des journaux est devenue un besoin pour toutes les classes de la société ; chacun veut juger, par soi-même, si les mandataires du peuple qui sont les siens, remplissent fidèlement les fonctions de leur charge; et chacun en a le droit, comme citoyen et comme membre de la grande famille. Les ouvrages volumineux, même les plus simples brochures ne peuvent remplir cet objet ; peu de personnes auraient assez de loisir pour les lire ; les moyens de se les procurer manqueraient à beaucoup d'autres, tandis que les habitans du plus petit hameau peuvent se donner cette jouissance, avec un léger sacrifice de temps et d'argent.

VI. Lorsque les journaux sont soumis à la censure, on est porté naturellement à croire qu'ils ne présentent pas les objets sous leur véritable point de vue ; on ne les lit qu'avec une certaine défiance, on se livre à des suppositions, on conçoit des inquiétudes, on ne veut y voir que tromperies, qu'insinuations mensongères et perfides; il n'y a plus de tranquillité dans les esprits.

Ce fut dès-lors un grand pas de fait vers le bien, que l'abolition de la censure, par les lois de 1819 ; et il a fallu, sans doute, des circonstances bien extraordinaires pour la faire momentanément rétablir.

Lorsque la presse est libre, il ne peut y avoir de personnes abusées que celles qui veulent bien l'être ; car le journaliste qui a publié un fait faux ou controuvé en est repris, par ses confrères, et s'il se mettait souvent dans le cas, il aurait bientôt perdu la confiance de ses abonnés.

VII. Avec la liberté de la presse, pour les journaux et écrits périodiques, comme pour tous les autres ouvrages, les départemens, les villes, les citoyens ne sont plus étrangers les uns aux autres; tandis qu'ils le deviennent, par la force même des choses, lorsque les journaux sont privés de cette liberté et qu'ils ne peuvent dire, que ce que les censeurs veulent bien leur permettre de publier et de la manière qu'ils le permettent.

VIII. Que la personne qui aura été diffamée dans un journal, puisse faire entendre sa réclamation dans une autre feuille publique, et bientôt la diffamation ne deviendra plus un métier lucratif, pour les écrivains qui semblent s'en faire un jeu, dans l'espoir qu'ils pourront le faire impunément.

IX. Comment se fait-il d'ailleurs, que les journalistes ne puissent se livrer à ce genre d'industrie, sans avoir fourni un *cautionnement préalable ;* lorsque ceux qui embrassent toute autre profession, n'y sont pas assujétis ? La Charte n'a-t-elle pas posé en principe, que tout Français est libre de *publier* ses opinions, de les *imprimer* en se conformant aux lois qui doivent *réprimer* les abus de cette liberté ?

Exige-t-on du pharmacien un cautionnement qui réponde du délit dont il pourrait se rendre coupable, en vendant des poisons, sans avoir pris les précautions prescrites par les règlemens ? En exige-t-on du coutelier, de l'armurier, du fourbisseur, pour le cas où ils fabriqueraient des armes défendues ? En exige-t-on des citoyens, pour celui où ils se rendraient coupables de vols ou d'assassinats ? Les abus de la liberté de la presse, offriraient-ils donc de plus grands dangers ?

X. On s'est beaucoup trop appesanti sur la fixation des cautionnemens ; cette question purement accessoire, a fait perdre de vue, la question principale ; et c'est ce qui arrive presque toujours, lorsque des amendemens sont proposés à des projets de loi ; tactique qui devrait être usée, et à laquelle cependant, on se laisse toujours prendre : des amendemens peuvent bien, à la vérité, diminuer l'intensité du mal ; mais il ne suffit pas de

diminuer les inconvéniens d'un projet de loi, il faut
aller plus directement au but ; il importe d'extirper
le mal dans sa racine.

La proposition qui était faite, de réduire le montant du cautionnement, semblait au reste, fort raisonnable ; il aurait fallu du moins, qu'il n'excédât
pas le double de la plus forte amende, à laquelle
le journaliste pouvait être condamné ; ce qui eût
été conséquent avec les dispositions de l'article 28
de la loi du 26 mai.

Vainement dirait-on que les cautionnemens
n'ont été portés à un taux aussi élevé, qu'à raison de ce que les journalistes pourraient se rendre
coupables de plusieurs délits ; et que n'étant pas possible d'en déterminer le nombre et la gravité,
il a bien fallu prendre ce moyen de pourvoir
efficacement à leur réparation : car, ce serait
supposer que le prévenu de plusieurs délits,
pourrait être condamné à autant d'amendes qu'il
en aurait commis, lorsque dans les principes du
Code, c'est la peine *la plus sévère* SEULEMENT, qui
doit être appliquée en pareil cas : aussi, ne s'est-
on jamais avisé de mettre en jugement, un prévenu de délit emportant la peine de *l'emprisonnement,* lorsqu'il a déjà été condamné à celle *de la
réclusion* pour un délit *antérieur* à sa condamnation ; et la loi du 9 juin, ni aucune autre n'a dérogé, sur ce point, aux dispositions de l'article 265
du Code d'instruction criminelle.

XI. Si des cautionnemens aussi forts, n'ont
été exigés des journalistes, que pour en diminuer le

nombre, cela nous semble avoir été mal vu; car, outre que tous les genres d'industrie doivent être protégés, ils doivent l'être bien plus particulièrement encore, lorsqu'ils unissent à l'avantage de l'utilité, celui d'améliorer les finances de l'État et d'alimenter nos manufactures; ce qui s'applique naturellement aux journaux, dont chaque feuille doit être timbrée, dont chacune doit produire des droits de transports; et ce genre d'ouvrage faisant une grande consommation des papiers de nos fabriques.

XII. Après avoir ainsi raisonné *en pure théorie,* et pour le temps seulement où l'on remettra la matière en discussion, ce qui arrivera nécessairement, un peu plus tôt ou plus tard, faisons en sorte de combiner le texte de la loi avec son esprit, de manière à ne rien laisser à l'arbitraire dans son application.

ARTICLE I.

Les propriétaires ou éditeurs de tout journal ou écrit périodique, consacré en tout ou en partie aux nouvelles ou matières politiques, et paraissant, soit à jour fixe, soit par livraison et irrégulièrement, mais plus d'une fois par mois, seront tenus,

1° De faire une déclaration indiquant le nom, au moins, d'un propriétaire ou éditeur responsable, sa demeure, et l'imprimerie, dûment autorisée, dans laquelle le journal ou l'écrit périodique doit être imprimé;

2° De fournir un cautionnement, qui sera,

dans les departemens de la Seine, de Seine-et-Oise et de Seine-et-Marne, de dix mille francs de rente pour les journaux quotidiens, et de cinq mille francs de rente pour les journaux ou écrits périodiques paraissant à des termes moins rapprochés;

Et dans les autres départemens, le cautionnement relatif aux journaux quotidiens sera de deux mille cinq cents francs de rente dans les villes de cinquante mille âmes et au-dessus; de quinze cents francs de rente dans les villes au-dessous, et de la moitié de ces rentes pour les journaux ou écrits périodiques qui paraissent à des termes moins rapprochés.

Les cautionnemens pourront être également effectués à la caisse des consignations, en y versant le capital de la rente au cours du jour du dépôt.

1. L'article commence par indiquer à quel genre d'ouvrages la loi devient applicable; il fait rentrer dans sa disposition, indistinctement, tous les journaux ou écrits périodiques qui sont consacrés en tout ou en partie, *aux nouvelles ou matières politiques,* soit que l'ouvrage paraisse *à jour fixe,* soit qu'il paraisse par livraisons mêmes *irrégulières,* lorsqu'il doit en être publié plus d'une par mois.

Les mots de l'article, aux nouvelles *ou* matières politiques sont remarquables; il en résulte que les journaux ou écrits périodiques qui ne s'occuperaient que de *nouvelles,* se trouvent compris dans les dispositions de la loi.

ɪɪ. Par son nᵉ 1ᵉʳ, l'article impose l'obligation aux propriétaires ou éditeurs des journaux et écrits périodiques, de faire la déclaration énonciative du nom, *au moins,* d'un propriétaire ou éditeur responsable ; du lieu de sa demeure et de l'imprimerie *dûment autorisée,* dans laquelle, l'ouvrage doit être imprimé.

La loi ne dit pas devant quelle autorité, la déclaration doit être faite ; mais cette omission a été réparée par l'article 5 de l'ordonnance du Roi, du même jour.

ɪɪɪ. Le cautionnement exigé doit avoir été fourni *avant* la déclaration ordonnée ; ce qui ne résulte pas, à la vérité, des termes de la loi qui semble même supposer le contraire ; mais l'article cité de l'ordonnance du Roi, ne laisse aucun doute à cet égard.

ɪv. On ne voit pas comment les mots, *au moins,* ont pu se glisser dans la rédaction de l'article ; ils y étaient évidemment inutiles, dès que l'on demeurait d'accord, que l'indication *d'un seul* éditeur responsable pouvait suffire.

v. La loi voulant que le propriétaire ou l'éditeur responsable, indique l'imprimerie *dûment autorisée,* dans laquelle l'écrit doit être imprimé ; le propriétaire ou l'éditeur qui se propose de publier un écrit de cette nature, doit commencer par s'assurer qu'un imprimeur *breveté,* se chargera de l'impression : s'il veut s'en charger lui-même, il faut, avant tout, qu'il en obtienne l'au-

torisation du Gouvernement, qui ne la lui refusera pas sans doute ; car qui veut la fin veut
les moyens, et dès que la loi permet, *sans restriction,* de publier des journaux ou écrits périodiques, il faut bien laisser à leur propriétaire ou
éditeur, l'emploi des moyens sans lesquels, il ne
pourrait user de cette faculté ; et ne pas les subor-
donner au refus qui pourrait leur être fait de la
part des imprimeurs brévetés.

VI. Lorsque le propriétaire ou l'éditeur du journal ou de l'écrit périodique a fait la déclaration
prescrite, et qu'il a fourni le cautionnement exigé ,
le préfet qui reçoit sa déclaration, doit lui en
donner acte *sur-le-champ;* et *immédiatement*
après, il peut commencer la publication de ses
feuilles.

S'il arrivait que le préfet refusât de donner l'acte
requis, cela ne pourrait arrêter la publication du
journal ou de l'écrit périodique, si le propriétaire
ou l'éditeur avait rempli toutes les conditions qui
lui sont imposées ; mais, pour se mettre en règle,
le propriétaire ou l'éditeur qui aurait essuyé le *refus,* devrait le faire constater *légalement,* avant
que de faire aucune publication de sa feuille ; car,
si rien ne le constatait, on pourrait supposer qu'il
ne se serait pas mis en règle.

Si le propriétaire ou l'éditeur du journal ou de
l'écrit périodique, n'avait pu parvenir au cabinet
du préfet, pour y faire sa déclaration, il devrait la
lui faire notifier par un notaire ou par un huissier,
assisté de témoins, en indiquant le motif qui l'aurait

forcé de prendre cette voie; et faire donner copie, en tête du procès-verbal, de l'acte de dépôt de son cautionnement : l'éditeur du journal ou de l'écrit périodique aura rempli, par ce moyen, autant qu'il était en lui, tout ce qui lui est commandé par la loi, et il ne pourra mériter dès-lors aucun reproche fondé.

S'il fallait que l'éditeur ou le propriétaire du journal ou de l'écrit périodique, en pareil cas, recourût au Conseil d'état, pour faire réformer l'arrêté du préfet, avant que de commencer la publication de ses feuilles, l'ordonnance du Roi, qui autorise la publication *immédiate* de l'écrit, lorsqu'il y a eu dépôt du cautionnement et déclaration faite, pourrait être paralysée, ce qui ne serait pas tolérable; et d'ailleurs , le refus fait par le préfet, pourrait n'avoir été que *verbal*.

VII. Les peines encourues par la violation de l'article 1er se trouvent mentionnées dans l'article 6.

ARTICLE II.

La responsabilité des auteurs ou éditeurs indiqués dans la déclaration, s'étendra à tous les articles insérés dans le journal ou écrit périodique, sans préjudice de la solidarité des auteurs ou rédacteurs desdits articles.

Si l'article 2 avait été le *seul* qui se fût occupé de la *responsabilité* de l'éditeur, on aurait pu et même dû supposer, qu'il n'était question que d'une simple responsabilité *civile ;* comme dans tous les cas de responsabilité, résultant d'autres délits, lorsqu'une loi *spéciale* n'en a pas autrement disposé ; principe constant, et qui vient récemment encore d'être proclamé, dans un arrêt rendu par la Cour de cassation, le 6 avril 1820 ; mais l'article 10 porte, que *les mêmes peines* seront appliquées à l'*éditeur responsable* et aux *auteurs ou rédacteurs des articles incriminés ;* d'où suit, qu'il ne peut être question ici d'une simple résponsabilité *civile.*

ARTICLE III.

Le cautionnement sera affecté, par privilége, aux dépens, dommages-intérêts et amendes auxquels les propriétaires ou éditeurs pourront être condamnés : le prélèvement s'opérera dans l'ordre indiqué au présent article. En cas d'insuffisance, il y aura lieu à recours solidaire sur les biens des propriétaires ou éditeurs déclarés responsables du journal ou écrit périodique, et des auteurs et rédacteurs des articles condamnés.

1. L'amende étant *tout bénéfice* pour le Trésor, il était naturel, que le paiement ne pût en être exigé qu'après l'entier acquittement des dépens et des dommages-intérêts ; mais, pour tous ces objets, la loi accorde *un privilége* sur le cautionnement ; d'où suit, qu'il y aurait eu *saisie* par d'autres créanciers de la caution, et que même, la saisie aurait été d'une date *antérieure* à l'arrêt de condamnation, qu'elle ne pourrait diminuer le gage affecté au paiement des dépens, des dommages-intérêts et des amendes.

II. Mais doit-il en être de même des autres créances *privilégiées*, telles que les frais funéraires, les frais de justice, de mutation et autres de la même nature? Il y aurait alors un combat de priviléges; et comme les uns devraient nécessairement primer les autres, l'on devrait en conclure qu'il faut que l'ordre de priviléges soit observé: la partie civile et le Trésor se trouveraient dans le même cas que le vendeur, qui aurait un privilége sur l'immeuble exproprié, et qui se verrait primé par d'autres créances, encore plus privilégiées que la sienne.

III. L'article 3 prévoit le cas de l'insuffisance du cautionnement; et il accorde, à la partie civile et au Trésor, un recours *solidaire* sur les *biens*, tant des éditeurs responsables que des auteurs ou rédacteurs des articles incriminés; ce qui devait être exprimé dans des termes aussi formels, pour soumettre la caution à ce recours; car, de droit commun, la caution n'est tenue que jusqu'à la concurrence du montant de son cautionnement.

Mais, avant que d'exercer ce recours sur les *biens* des condamnés, il faut commencer par épuiser le cautionnement, et que son insuffisance soit constatée; car la loi ne déclare les biens affectés que *subsidiairement*, c'est-à-dire, dans le seul cas d'*insuffisance*.

IV. Ce ne sont que les *biens* des condamnés, que la loi déclare affectés au recours subsidiaire, et non pas leurs *personnes*; de sorte qu'il y aurait insuffisance dans le montant du cautionnement et même dans les biens des condamnés, que la contrainte par corps ne pourrait être exercée contre eux : la loi étant *spéciale* sur la matière, la fait sortir des règles du droit commun.

ARTICLE IV.

Les condamnations encourues devront être acquittées et le cautionnement libéré ou complété dans les quinze jours de la notification de l'arrêt; les quinze jours révolus sans que la libération ou le complétement ait été opéré, et jusqu'à ce qu'il le soit, le journal ou écrit périodique cessera de paraître.

I. Cet article accorde *quinze jours* aux condamnés pour acquitter le montant des condamnations prononcées contre eux; et il fait courir le délai du jour de la *notification* qui leur est faite, de l'arrêt qui a prononcé leur condamnation; mais l'article sous-entend évidemment, que l'arrêt sera devenu *irrévocable :* s'il avait été rendu par défaut ou par contumace, s'il y avait eu pourvoi en cassation, le délai ne commencerait à courir, que du jour de la notification de l'arrêt qui aurait prononcé sur l'opposition ou qui aurait rejeté le recours en cassation.

L'arrêt doit avoir été notifié *à personne ou domicile,* et à *tous* les condamnés, pour faire courir le délai.

II. L'exploit de notification doit contenir l'indication des sommes à payer par les condamnés : s'il y avait eu omission ou négligence à cet égard, il suffirait aux condamnés d'offrir le paiement des sommes liquidées par l'arrêt, en y ajoutant une somme quelconque, sauf à retirer ou parfaire, pour acquitter celles qui ne l'auraient pas été.

III. Lorsque le montant des condamnations n'a pas été soldé dans les quinze jours, à compter de la notification de l'arrêt, le journal ou l'écrit périodique qui a donné lieu aux condamnations, doit cesser de paraître, sous les peines portées par l'article 6 ; mais cette interdiction n'est que momentanée, elle ne doit durer que jusqu'à l'effectif paiement des condamnations qui ont été prononcées ; c'est ce qui résulte évidemment de ces mots : *et jusqu'à ce qu'il le soit,* qui se lisent dans l'article 4 ; d'où suit, que l'éditeur du journal ou de l'écrit périodique n'a pas besoin pour reprendre la publication de ses feuilles, de faire une nouvelle déclaration, lorsqu'il s'est entièrement libéré.

IV. La loi du 9 juin n'a pas prévu le cas, où le propriétaire ou l'éditeur d'un journal ou d'un écrit périodique voudrait cesser son entreprise ; mais l'ordonnance du Roi du même jour, y a pourvu dans son article 7.

ARTICLE V.

Au moment de la publication de chaque feuille ou livraison du journal ou écrit périodique, il en sera remis, à la préfecture pour les

chefs-lieux de département, à la sous-préfecture
pour ceux d'arrondissement, et, dans les autres
villes, à la mairie, un exemplaire signé d'un
propriétaire ou éditeur responsable.

Cette formalité ne pourra ni retarder ni sus-
pendre le départ ou la distribution du journal
ou écrit périodique.

I. La remise d'un exemplaire de chaque feuille
du journal ou de l'écrit périodique, doit être faite à
la préfecture, à la sous-préfecture ou à la mairie,
suivant les localités; mais il suffit que la remise y
soit faite au *moment* de la publication ; la loi n'en
ordonne pas la remise *préalable ;* aussi l'article 5
porte-t-il, que l'omission de cette formalité ne pourra retarder ni suspendre le départ ou la distribution
de l'écrit, sauf à poursuivre le contrevenant et à
lui faire appliquer les peines prononcées par l'article 6.

II. Ces mots de l'article 5, *au moment,* sont un
peu vagues, mais ils doivent être entendus saine-
ment et de manière que le dépôt soit fait *en même*
temps, que l'on procède à la distribution.

III. L'exemplaire à remettre, doit être signé du
propriétaire ou de l'éditeur responsable, ce qui serait extrêmement gênant, s'il n'avait pas la faculté
de faire remplacer sa signature par celle d'un fondé
de pouvoir; puisque cela l'obligerait à une résidence.
habituelle dans le lieu où s'imprimerait le journal:
on ne peut supposer que la loi ait voulu lui imposer
une pareille gêne, qui ne pourrait avoir aucun objet

14

d'utilité réelle ; d'où nous concluons, que le propriétaire ou l'éditeur responsable remplit suffisamment
le vœu de la loi, en faisant remplacer sa signature
par celle d'un procureur fondé ; mais lorsqu'il prend
ce parti, il doit en donner l'avis officiel à l'autorité
compétente.

IV. Comment le propriétaire ou l'éditeur responsable justifiera-t-il qu'il a rempli la formalité exigée
par cet article ? La loi ne dit pas qu'il lui sera fourni
récépissé du dépôt qu'il est chargé de faire, ni
même qu'il en sera tenu registre : faudra-t-il, que
chaque fois qu'il voudra l'effectuer il le fasse constater par un procès-verbal de notaire ou d'huissier,
ou que chaque fois, il se fasse assister de témoins ?
Il y a nécessairement à cet égard une omission dans
la loi.

Si les bureaux de la préfecture, de la sous-préfecture ou de la mairie se trouvaient fermés, lorsque le propriétaire ou l'éditeur responsable se
présenterait pour effectuer le dépôt, à qui s'adres-
serait-il ? Remplirait-il suffisamment l'obligation qui
lui est imposée, en faisant le dépôt exigé, entre les
mains d'un portier ou de tout autre valet ? Qui lui
répondrait, lors même qu'il s'y croirait autorisé,
que l'individu qui l'aurait reçu, serait exact à en
faire la remise à qui de droit ? Pour couvrir sa négligence, ne viendrait-il pas nier devant la justice,
que la remise lui eût été faite ? Quel moyen de
justification resterait-il au propriétaire ou à l'éditeur responsable ?

Le seul mode d'exécution raisonnable de l'arti-

cle 5, dans l'intérêt de tous, est d'obliger les admi-
nistrations à tenir registre jour par jour, de suite
en suite et sans aucun blanc, des remises qui leur
sont faites, et d'en délivrer des *récépissés*.

ARTICLE VI.

Quiconque publiera un journal ou écrit pé-
riodique sans avoir satisfait aux conditions pres-
crites par les articles 1er, 4 et 5 de la présente loi,
sera puni correctionnellement d'un emprisonne-
ment d'un mois à six mois, et d'une amende de
deux cents francs à douze cents francs.

Cet article ne fait que déterminer la nature des
peines qui seraient applicables à ceux qui auraient
négligé de remplir les obligations qui leur sont imposées, par les articles 1er, 4 et 5 ; mais ces peines
sont-elles bien proportionnées aux genres de délits
qu'elles tendent à réprimer ?

ARTICLE VII.

Les éditeurs de tout journal ou écrit pério-
dique ne pourront rendre compte des séances se-
crètes des Chambres, ou de l'une d'elles, sans
leur autorisation.

1. L'article 12 prononce une amende qui peut
être portée jusqu'à mille francs, contre tout propriétaire ou éditeur de journal ou écrit périodique,
qui ne s'est pas conformé aux dispositions de l'ar-

ticle 7; mais ce délit, qui est d'un genre tout nouveau, se prescrit par le laps *de trois mois sans poursuites,* aux termes de l'article 15 : il se constitue par le seul fait, d'avoir rendu compte des séances *secrètes* des Chambres ou de l'une d'elles, sans avoir obtenu leur *autorisation ;* ce qui équivaut à une *interdiction* de rien publier de ce qui se passe dans la Chambre des Pairs, qui ne tient que des séances secrètes; de sorte que, dans la rigueur de la loi, le journaliste qui aurait indiqué de quelle manière le bureau de la Chambre des Pairs se serait trouvé composé, pourrait être frappé des peines prononcées par l'article 12 , si la Chambre ne lui en avait pas donné l'autorisation; à quoi, sans doute, elle ne pensera guère : mais il ne paraît pas que les officiers du ministère public tiennent bien strictement la main à l'exécution de cet article, car il s'est déjà présenté des occasions assez marquantes de violations de la loi, sous ce rapport, pour exciter leur zèle; et cependant, il n'est pas venu à notre connaissance qu'il en ait été fait aucune poursuite.

11. La commission de la Chambre des Députés avait proposé de substituer à cette locution de l'article 7, SANS *l'autorisation des Chambres,* celle-ci, *toutes les fois qu'elle n'aurait pas interdit la publication ;* mais le projet n'en fut pas moins converti en loi, tel qu'il avait été présenté; quoique M. le garde des sceaux fût convenu que ce n'était que dans des cas extrêmement rares, qu'il importait, que ce qui se passe dans les séan-

ées *secrètes* des Chambres, ne fut pas connu du
public; ajoutant même, qu'au contraire, il était
presque toujours utile qu'il en fût instruit. Si l'amendement de la commission avait été adopté, tout
se fût arrangé merveilleusement; il n'y aurait
eu à délibérer sur l'autorisation à accorder ou à
refuser que dans des circonstances extraordinaires;
tandis que si les Chambres ne veulent pas priver
le public de la connaissance de ce qui se passe
dans leurs séances *sécrètes,* lors même qu'il est
utile de l'en instruire, il faudra que chaque fois,
la question soit mise en délibération.

III. Si nous avions eu l'honneur d'être membre
de la commission, nous ne nous fussions pas
contenté d'appuyer l'amendement qui était proposé, nous eussions demandé la suppression entière de l'article 7; car, le représentant doit compte
au représenté, *de momento ad momentum,* de
toutes ses opérations; et les Chambres ne sont
que les représentans de la nation, dont elles sont
chargées de stipuler les intérêts : il faut qu'à tous
les instans, chaque citoyen puisse s'assurer par lui-
même que ses intérêts ne sont pas compromis; et
comment peut-il en être ainsi, lorsque la loi autorise
le représentant à garder un silence impénétrable sur
ses opérations ? Lorsque le représentant use de
cette faculté, le représenté peut supposer que son
mandataire est dans l'intention d'agir d'une manière qui peut lui être préjudiciable ; car, on ne
se cache pas pour faire le bien.

IV. S'il y avait d'ailleurs quelque danger, à ce

que le public fût instruit de ce qui se passe dans
les séances secrètes des Chambres, les dispositions
de l'article 7 n'y remédieraient pas ; car, il est impossible que le secret soit gardé, lorsque la chose se
passe dans une réunion de plusieurs centaines
d'individus, et lorsque tous ne partagent pas
la même opinion, sur la matière mise en délibération ; aussi ne pourrait-on citer aucun exemple,
où ce qui s'est passé dans l'une des séances secrètes des Chambres, n'ait pas été connu, dès le
soir même, dans tout Paris.

A quelles fins donc le silence est-il imposé, sur
ce point, aux journalistes et aux éditeurs d'écrits
périodiques ? Ce qu'il leur est interdit de publier,
l'est bientôt par toutes les bouches, et il est même
heureux qu'il en soit ainsi ; car, du silence absolu qui serait gardé, naîtrait nécessairement les plus
grandes inquiétudes, et l'on ne pourrait en cal-
culer les funestes résultats ; tandis que le public se
trouverait naturellement rassuré par l'autorisation
qu'auraient les journaux de rendre un compte
fidèle et *de bonne foi*, des séances *secrètes* des
Chambres, comme de leurs séances *publiques*.

Une loi n'est vraiment bonne que lorsqu'elle
ne peut être *impunément* violée, et la loi peut
l'être *impunément* toutes les fois que l'on peut
faire par une voie *indirecte*, ce qu'elle défend
de faire *directement*; et l'on conçoit assez que la
prohibition de l'article 7 ne s'étendant qu'aux
journalistes et aux éditeurs d'écrits périodiques, le
but de la loi est nécessairement manqué.

v. Sous le point de vue constitutionnel, il y aurait peut-être encore plus à dire ; car, les journaux sont des *propriétés* comme toutes les autres, et chacun peut user de sa propriété comme il veut et comme il l'entend ; sauf la responsabilité de droit, lorsque l'on en abuse au préjudice des tiers : d'autre part, il est assez difficile de faire concorder les entraves mises à la liberté de publier, dans les journaux, certains faits ; la défense d'y parler de certains objets, lorsque la Charte a permis de *publier* et d'*imprimer* ses opinions *sans y mettre d'autre restriction* que de n'en pas faire abus.

Mais, l'article 7 a force de loi, et tant qu'il ne sera pas rapporté, les journalistes et les éditeurs d'écrits périodiques doivent s'y conformer.

ARTICLE VIII.

Tout journal sera tenu d'insérer les publications officielles qui lui seront adressées, à cet effet, par le Gouvernement, le lendemain du jour de l'envoi de ces pièces, sous la seule condition du paiement des frais d'insertion.

i. Cet article ne dispose qu'à l'égard des seuls *journaux* ; il impose l'obligation à leurs propriétaires ou éditeurs responsables d'y insérer les publications *officielles* qui leur sont adressées par le *Gouvernement* ; sous les peines portées par l'article 12 : délit, encore, de nouvelle création, et qui se prescrit, comme celui prévu dans l'article 7, par le laps de trois mois sans poursuites, d'après les dispositions de l'article 13.

II. On ne peut considérer l'obligation qui est imposée aux journalistes, par cet article, comme une atteinte portée à leur propriété; du moment que la loi leur assure une juste indemnité, et que cette obligation a un but d'utilité publique.

III. L'article 8 ne parle que de publications *officielles* ordonnées par le *Gouvernement* ; mais, les publications portent-elles le caractère d'officielles, toutes les fois qu'elles sont ordonnées par le Gouvernement ? La disposition de l'article 8 entendue dans un sens aussi large, pourrait devenir très préjudiciable aux journalistes, et surtout, si l'obligation qui leur est imposée, pouvait aller jusqu'à les contraindre d'insérer dans leurs feuilles, toutes les publications que les agens de l'autorité publique, pourraient leur adresser : mais la qua-lification d'*officielles* imprimée par la loi, aux publications qu'elle ordonne, en restreint le caractère aux seuls actes émanés du Gouvernement; et lorsque l'article 8 a parlé du Gouvernement, il n'a pu le faire que dans un sens *restreint*. Le Gouvernement réside *dans le ministère*, et non pas dans les *agens inférieurs* de l'autorité publique.

IV. Non-seulement les journalistes sont tenus d'insérer dans leurs feuilles, les publications officielles qui leur sont adressées par le Gouvernement, mais ils doivent en faire l'insertion *dès le lendemain* du jour que l'envoi leur en a été fait; c'est-à-dire, de manière qu'elles paraissent dans la feuille du *surlendemain;* car c'est la feuille imprimée *la veille* qui porte la date du lendemain; d'où suit, que l'insertion qui se trouve faite dans la feuille, portant la date du *surlendemain,* a bien réellement été faite dans les termes de la loi.

v. La loi ne dit pas de quelle manière il sera constaté que les publications officielles auront été remises aux journalistes; mais il est facile d'obvier à cette omission, en exigeant de l'éditeur responsable, qu'il fournisse un récépissé de la remise qui lui est faite de la pièce à publier.

ARTICLE IX.

Les propriétaires ou éditeurs responsables d'un journal ou écrit périodique, ou auteurs ou rédacteurs d'articles imprimés dans ledit journal ou écrit, prévenus de crimes ou délits pour fait de publication, seront poursuivis et jugés dans les formes et suivant les distinctions prescrites à l'égard de toutes les autres publications.

1. Cet article assimile les crimes et délits qui se commettent, pour fait de publication, par la voie des journaux et écrits périodiques, aux crimes et délits de même nature, dont tout autre individu pourrait se rendre coupable, quant aux formalités à observer dans les poursuites et dans le jugement; d'où suit, que les propriétaires et éditeurs responsables des journaux ou écrits périodiques, comme

les auteurs et rédacteurs des articles incriminés qui sont insérés dans ces feuilles, doivent être traduits et jugés par les Cours d'assises, ou par les tribunaux correctionnels ou de police, dans les mêmes cas que le seraient les autres citoyens; et par une conséquence forcée, qu'ils ne peuvent être poursuivis d'*office*, que dans les mêmes circonstances; que la même *prescription* doit courir en leur faveur, lorsque la loi n'y a pas dérogé d'une manière spéciale.

11. L'article 2 de la loi du 17 mai, ayant déclaré coupables de diffamation, ceux qui ont imputé ou *allégué publiquement* des faits attentatoires à l'honneur ou à la considération des personnes; on demande, si les dispositions de cet article seraient applicables aux journalistes qui auraient rendu compte d'une plainte en diffamation, portée devant les tribunaux : nous n'hésitons pas à résoudre la question pour la négative; d'abord, parce que la loi ne l'a pas interdit; mais plus particulièrement encore, par la raison, que la crainte salutaire, de voir donner une publicité plus grande à la diffamation, retiendra la plupart de ceux qui seraient tentés d'exercer une action en justice; et qu'il importe de diminuer, autant qu'il est possible, le nombre des affaires de ce genre, toujours plus ou moins scandaleuses, par les débats qui doivent en être la suite.

ARTICLE X.

En cas de condamnation, les mêmes peines leur seront appliquées : toutefois les amendes pour-

ront être élevées au double, et, en cas de réci-
dive, portées au quadruple, sans préjudice des
peines de la récidive prononcées par le Code
pénal.

1. Dès que *tous les Français sont égaux devant
la loi,* il semblait, qu'à raison des *mêmes délits,*
les *mêmes peines* devaient être appliquées à tous;
cependant, après avoir réconnu le principe, et après
avoir déclaré, que les *mêmes peines* seraient appliquées, dans les mêmes cas, aux *journalistes* et aux
auteurs des articles incriminés, l'article 10 ajoute,
que les *amendes* à prononcer contre les éditeurs
responsables des journaux et écrits périodiques,
pourront être élevées *jusqu'au double et même
au quadruple,* au cas de récidive; de sorte qu'à
raison *du même délit,* lorsque l'*auteur* de l'article
incriminé, ne se trouve passible que d'une amende
de dix et de vingt mille francs, le *journaliste*
peut être condamné à vingt et quarante mille
francs.

Ce n'est, il est vrai, que dans le cas d'un délit
extrêmement grave, que des amendes aussi fortes
peuvent être prononcées; mais ce n'est pas à ce cas
seulement, que s'applique la disposition de l'art. 10;
sa disposition est générale; et des amendes telles,
que les prononce la loi du 17 mai, ressemblent ter-
riblement à une *confiscation de biens.* Un auteur
a dit, que *la vindicte publique n'a plus toute sa
pureté, s'il peut s'y mêler des idées de lucre;* ce
que M. le marquis de Pastoret a répété, en d'autres
termes, en disant, que *ce n'est pas au poids du*

fisc. que doit se peser la justice. Le Gouvernement prendra, sans doute, en considération cette sage observation du noble pair, lorsqu'il présentera, dans la session prochaine des Chambres, les améliorations aux lois sur la liberté de la presse, que M. le président du Conseil des ministres a fait pressentir.

II. Remarquons, d'ailleurs, que les lois nouvelles punissent, non-seulement les auteurs d'écrits, qui emportent avec eux *la preuve irrécusable* du délit de provocation, mais même les éditeurs d'écrits, dont on ne peut la faire résulter qu'à l'aide d'*interprétations* toujours plus ou moins forcées, et toujours plus ou moins arbitraires ; tandis que, dans le jugement *des plus grands crimes,* il faut qu'il existe des preuves, *luce clariores,* pour faire prononcer la condamnation de l'accusé.

III. La loi plaçant les jurés et les juges dans la position *délicate,* et l'on pourrait même dire *effrayante,* d'avoir à qualifier les discours et les écrits, sous le rapport des provocations *indirectes,* ils ne doivent pas perdre de vue le motif qui a dicté cette mesure extraordinaire, et qui n'a été ni pu être que de prévenir les suites présumées de ce genre de délit ; danger que l'on n'a pas à redouter, lorsque la prétendue provocation se trouve tellement voilée, qu'il faudrait employer toutes les arguties de l'école, toutes les subtilités de l'esprit le plus fécond, pour lui en découvrir le caractère : ce n'est pas, en effet, de la *métaphysique* que les juges et les jurés sont chargés de faire ; ils n'ont pas à juger l'*intention* du prévenu, mais le seul *fait* de

savoir, s'il y a eu réellement provocation; et, pour s'en assurer, les juges et les jurés n'ont qu'à faire une chose bien simple, qui est de s'isoler des circonstances du moment; de mettre à l'écart toute prévention, et de se demander, s'ils auraient considéré comme provocation, le discours ou l'écrit dénoncé, *avant* qu'il en eût été fait aucune poursuite; s'ils se seraient sentis incités, excités, par ce moyen, à commettre le crime ou le délit prétendu provoqué, et prononcer ensuite, d'après le cri de leur conscience : il est du devoir des juges comme des jurés, « de n'écouter ni la haine ni la méchan-
» ceté, ni la crainte ou l'affection; de se décider
» suivant leur conscience et leur intime conviction,
» avec l'impartialité et la fermeté qui conviennent à
» un homme probe et libre. » (Article 312 du Code d'instruction criminelle.)

L'article 10 est terminé par ces mots : *sans préjudice des peines de la récidive prononcées par le Code pénal,* sans ajouter, comme l'a fait la loi du 26 mai, dans son article 25, que l'application de ces peines, serait purement *facultative :* mais l'on doit entendre dans le même sens la disposition de l'article 10, qui commence par déclarer, *que les mêmes peines seront applicables ;* en ajoutant seulement, que dans le cas qu'il prévoit, les amendes prononcées *pourront* être portées au double, même au quadruple, ce qui est une disposition évidemment restrictive.

ARTICLE XI.

Les éditeurs du journal ou écrit périodique seront tenus d'insérer dans l'une des feuilles ou des livraisons qui paraîtront dans le mois du jugement ou de l'arrêt intervenu contre eux, extrait contenant les motifs et le dispositif dudit jugement ou arrêt.

i. Si l'on prenait à la lettre les termes de l'article 10, ce serait dans le mois même que le jugement ou l'arrêt de condamnation serait intervenu, que l'insertion ordonnée devrait être faite; mais, l'article doit être entendu dans ce sens, le seul qui puisse être raisonnable, que le mois ne doit commencer à courir, que du jour de la notification du jugement ou de l'arrêt qui a prononcé la condamnation, d'une manière irrévocable.

ii. Lors de la discussion qui s'établit, dans la Chambre des Députés, sur le projet de loi du 9 juin, il fut observé, par le rapporteur de la commission, qu'il y aurait aggravation de peines contre le vœu de la loi, si les juges se permettaient d'ordonner que le jugement ou l'arrêt de condamnation serait imprimé ou affiché, puisque déjà la partie condamnée se trouve dans l'obligation d'en faire l'insertion dans ses feuilles; et cette observation parut avoir l'assentiment général, aucun membre de la Chambre ne l'ayant contredite.

iii. L'article 12 punit la contravention aux dis-

positions de l'article 11, d'une amende de cent francs
à mille francs; mais elle se prescrit à défaut de
poursuites dans les trois mois, aux termes de l'article 13.

ARTICLE XII.

*La contravention aux articles 7, 8 et 11 de
la présente loi, sera punie correctionnellement
d'une amende de cent francs à mille francs.*

I. L'article 12 fixant le *minimum* de l'amende à
cent francs, il en résulte que c'est, dans tous les
cas, aux tribunaux correctionnels qu'est réservée
la connaissance de la contravention qu'il réprime.

II. Mais la partie publique est-elle de même autorisée, dans tous les cas, à en faire la poursuite
d'office? Dans l'espèce de l'article 8, l'affirmative ne
peut être douteuse; et, dans notre opinion, il doit
en être de même aux cas prévus dans les articles 7
et 11; attendu, relativement à l'article 11, que
l'exécution des jugemens appartient à la partie publique, dans tout ce qui n'est pas *personnel* au plaignant, et qu'il s'agit ici d'une disposition d'ordre
public; et attendu, relativement à l'article 7, que
pour le cas qui s'y trouve prévu, la partie publique
ayant la voie d'action, a nécessairement celle
d'exécution.

Nous ne nous dissimulons pas cependant, que la
question peut paraître un peu problématique, dans
ses rapports avec l'article 11, par la raison, que la
partie plaignante a un intérêt personnel à ce que la

plus grande publicité soit donnée au jugement qui lui accorde une réparation : mais si le plaignant a cet intérêt à la chose, la partie publique en a de même un, de son chef, et qui est indépendant de celui du plaignant, puisqu'il n'a pu être prononcé de réparation en faveur de la partie plaignante, sans que des peines aient été prononcées contre le prévenu.

Il n'y aurait que le cas où la partie publique ne se serait pas rendue appelante du jugement qui aurait prononcé le renvoi du prévenu; et où, sur l'appel du plaignant, il lui aurait été adjugé une réparation civile, que l'impression de l'arrêt serait tout entière dans l'intérêt de la partie plaignante, et qu'il ne pourrait appartenir dès-lors qu'à elle seule, de poursuivre la contravention aux dispositions de l'article 11.

ARTICLE XIII.

Les poursuites auxquelles pourront donner lieu les contraventions aux articles 7, 8 et 11 de la présente loi, se prescriront par le laps de trois mois, à compter de la contravention ou de l'interruption des poursuites, s'il y en a de commencées en temps utile.

1. L'article 13 établit une prescription particuculière, qui ne ressemble, sous aucun rapport, à celle établie par l'article 29 de la loi du 26 mai; non-seulement le délai n'est plus le même, mais il y aurait eu des poursuites commencées dans le délai

fixé, que si elles avaient été discontinuées *pendant trois mois*, la prescription serait acquise.

II. Le délai de trois mois, qu'accorde l'article 13, pour diriger les poursuites, commence à courir, dans le cas de l'article 7, du jour que le compte a été rendu dans le journal ou l'écrit périodique, des séances secrètes des Chambres ;

Il court, dans le cas de l'article 8, dès le lendemain du jour que l'envoi a été fait des publications officielles ;

Et, dans le cas de l'article 11, du jour de l'expiration du mois qui est accordé pour faire l'insertion du jugement de condamnation.

III. Mais, doit-on conclure de ce qu'il ne peut être fait de poursuites, après les trois mois accomplis, que le législateur ait laissé dans le domaine des officiers du ministère public, la faculté d'exercer des poursuites ou de ne pas en exercer à leur volonté ? S'ils y étaient autorisés, dans les cas prévus en l'article 13 de la loi du 9 juin, ils le seraient de même, dans ceux mentionnés en l'article 29 de celle du 26 mai ; et l'on ne pourrait leur reconnaître ce droit, sans violer la Charte, qui a proclamé l'égalité de tous : il ne peut dépendre, en effet, des officiers du ministère public, de soustraire aux poursuites, celles des personnes qu'ils voudraient favoriser, lorsqu'ils en poursuivraient d'autres, pour lesquelles ils ne se feraient pas la même considération. Si la partialité pouvait être mise en action, ce ne devrait pas être aux magistrats d'en donner l'exemple. Vainement, dirait-on, qu'ils n'ont pas de compte à rendre au public de leur conduite : s'ils ne doivent pas en rendre compte, ils ne peuvent empêcher le public de la juger, et le public est inexorable dans ses jugemens.

Nota. Ajoutez au n° 3 des observations sur l'article 8 de la loi du 9 juin 1819 : le préfet de police avait adressé aux journalistes, comme publication à insérer dans leur feuille, la relation des évènemens qui s'étaient passés à Paris, dans les premiers jours de juin, telle qu'elle se trouvait dans le *Moniteur*, et les journalistes avaient déféré à l'ordre qu'ils avaient reçu ; ce qui donna lieu à une discussion, dans la Chambre des députés, sur la manière dont on devait entendre la disposition de l'article 8 de la loi du 9 juin, qui parle de publications *officielles*. On soutenait que les articles qui se trouvaient dans la partie *non officielle* du *Moniteur* ne pouvaient être considérés comme des publications *officielles*. Mais M. le ministre des relations extérieures observa que, « quant au caractère d'officialité, il faut » reconnaître qu'il résulte de la volonté du Gouvernement : car » ce qui est officiel, c'est ce que le Gouvernement avoue. Par » cela seul que le Gouvernement avoue une pièce, il la rend » officielle..... Il peut faire imprimer tous les jours des pièces » qu'il n'a pas besoin de signer...... » (Extrait du *Moniteur* du 9 juillet 1820, page 982.)

§ IV.

ORDONNANCE DU ROI, DU 9 JUIN 1819,

Concernant l'exécution de la loi relative à la publication des journaux ou écrits périodiques.

ARTICLE PREMIER.

L'éditeur ou propriétaire d'un journal ou ecrit périodique, de la nature de ceux désignés par l'article 1ᵉʳ de la loi de ce jour, qui voudra fournir en rentes le cautionnement prescrit par la loi, déclarera à l'agent judiciaire du Trésor royal qu'il affecte l'inscription dont il est propriétaire au cautionnement de son entreprise. L'acte de cautionnement sera fait double entre l'agent judiciaire et le titulaire de l'inscription.

L'inscription donnée en cautionnement sera déposée à la caisse centrale du Trésor royal. Les arrérages continueront à en être payés sur la représentation d'un bordereau délivré par l'agent judiciaire.

Lorsque le cautionnement sera fourni en inscription départementale, le directeur de l'enregistrement remplira, pour le département au livre auxiliaire duquel appartient la rente, les fonctions ci-dessus attribuées à l'agent judiciaire;

15..

*l'inscription sera déposée à la caisse du receveur
des domaines du chef-lieu.*

*Les mêmes formalités devront être remplies
par tout propriétaire d'une rente qui déclarerait
l'affecter au cautionnement de l'entreprise formée par un éditeur ou propriétaire de journal.*

I. Le cautionnement peut être fourni par tout
individu, lors même qu'il ne serait pas *associé* dans
l'entreprise.

II. Il peut être fait en argent, et s'il est fait en
rentes, il peut l'être en inscription *directe* ou *départementale.*

III. Les formalités qui sont à observer pour effectuer le cautionnement, sont clairement indiquées
dans l'ordonnance du Roi : il suffit de la lire avec
attention pour se mettre au fait des obligations
qu'elle impose.

IV. Le cautionnement n'étant qu'un *dépôt* des-
tiné à couvrir des condamnations *éventuelles,* le
propriétaire de la rente, donnée en nantissement,
devait naturellement continuer d'en percevoir les
arrérages : aussi résulte-t-il de l'ordonnance du
9 juin, qu'ils doivent lui être payés sur la simple
représentation du bordereau, qui doit lui être délivré par l'agent judiciaire du Trésor public, lorsque
l'inscription est *directe ;* ou par le directeur de l'enregistrement, lorsque c'est une inscription départementale.

V. Quant à l'inscription en elle-même, elle doit

demeurer stationnaire entre les mains de la caution, qui ne peut en disposer ; et, à cet effet, elle doit être déposée à Paris, dans la caisse centrale du Trésor royal, lorsqu'elle est directe ; et dans la caisse du receveur des domaines du chef-lieu, lorsqu'elle est départementale ; après qu'elle *a été visée pour cautionnement*.

VI. L'acte de cautionnement doit être fait *double* entre l'agent judiciaire ou le directeur de l'enregistrement et le propriétaire de l'inscription, suivant que c'est une inscription directe ou départementale, sur laquelle s'établit le cautionnement : l'article 1er de l'ordonnance, ni aucun autre, n'exige qu'il en soit passé acte *devant notaire;* et aucun n'assujétit le cautionnement à la formalité de l'enregistrement.

ARTICLE II.

Toute inscription directe ou départementale, affectée à un cautionnement, devra être visée pour cautionnement, *soit par le directeur du grand livre, soit par le receveur général, avant d'être présentée à l'agent judiciaire ou au directeur de l'enregistrement, à l'appui de la déclaration prescrite par l'article précédent.*

Nous avons rappelé les dispositions de cet article au n° 5 de nos observations sur le précédent, en faisant remarquer que l'inscription ne devait être présentée à l'agent judiciaire ou au directeur de

l'enregistrement, qu'après avoir été *visée pour cau-*
tionnement : le visa doit être donné par le directeur
du grand-livre de la dette publique, ou par le receveur général du département, suivant la nature
de l'inscription. C'est une formalité préliminaire à
remplir.

ARTICLE III.

Lorsque le cautionnement aura été, soit versé
à la caisse des consignations, soit fourni en
rentes, l'éditeur ou propriétaire fera, devant
le préfet du département, ou, à Paris, devant le
préfet de police, la déclaration prescrite par le
n° 1 de l'article 1ᵉʳ de la loi. Il représentera en
même temps, soit le reçu de la caisse des consi-
gnations, soit l'acte constatant qu'il a fourni son
cautionnement en rentes.

Le préfet donnera sur-le-champ acte de la dé-
claration, et de la justification du cautionnement.

La publication du journal ou de l'écrit pério-
dique pourra commencer immédiatement après.

1. Cet article prévoit les deux cas où le cautionnement est versé *en argent* dans la caisse des consignations, et où il est fourni *en inscription ;* il exige
dans l'un comme dans l'autre, que l'acte qui con-
state le *dépôt* soit *représenté* lors de la déclaration
qui est à faire, en exécution de l'article 1ᵉʳ de la loi
du 9 juin ; ce qui explique la manière dont cet article
doit être entendu : il en résulte, qu'il ne suffirait pas
d'une simple soumission *de fournir un cautionne-*
ment, comme cet article semblait le supposer.

II. L'article 3 veut que ce soit au *préfet du dé-partement* et à Paris *au préfet de Police*, que la déclaration soit faite ; il exige aussi du préfet qui la reçoit, qu'il en donne acte *sur-le-champ ;* en ajoutant que la publication du journal ou de l'écrit périodique peut commencer *immédiatement.* Nous nous sommes expliqué sur la manière de résoudre les difficultés qui pourraient naître de ces dispositions de l'ordonnance, dans nos observations sur l'article 1er de la loi du 9 juin.

ARTICLE IV.

La remise au moment de la publication de chaque feuille ou livraison du journal ou écrit périodique, exigée par l'article 5 de la loi, sera faite, à Paris, à la préfecture de police.

Cet article contient une simple explication, sur l'exécution que doit recevoir à Paris l'article 5 de la loi du 9 juin. Il était naturel que la déclaration devant se faire à Paris, au préfet de Police, ce fût à ce magistrat que la remise des exemplaires fût faite, au moment de leur publication.

ARTICLE V.

Sur le vu du jugement ou de l'arrêt qui, à défaut par la partie condamnée d'avoir acquitté le montant des condamnations contre elle prononcées dans le délai prescrit par l'article 4 de la loi, aurait ordonné la vente de l'inscription af-

fectée au cautionnement, cette inscription sera vendue, jusqu'à concurrence, à la requête de la partie plaignante, ou, en cas d'amende, à celle du préposé de la régie de l'enregistrement, chargé de la perception des amendes.

Cette vente sera opérée par les soins de l'agent judiciaire, le lendemain de la notification à lui faite du jugement ou de l'arrêt.

Les rentes départementales seront, dans le même cas, transmises par le directeur de l'enregistrement à l'agent judicaire, lequel en fera faire immédiatement la vente, et en enverra le produit au directeur de l'enregistrement en un mandat de la caisse centrale du Trésor sur le receveur général. Il y joindra le bordereau de l'agent de change pour justification des frais de courtage.

Le prélèvement sur le capital résultant de la vente sera fait ainsi qu'il est dit à l'article 5 de la loi.

1. Lorsque, *dans les quinze jours* de la notification de l'arrêt de condamnation, devenu *irrévocable*, le cautionnement n'a pas été libéré ou complété, aux termes de l'article 4 de la loi du 9 juin, les parties intéressées sont autorisées à se pourvoir, pour obtenir un jugement portant autorisation de vendre l'inscription sur laquelle il est établi, en observant les formalités prescrites par l'article 5 de l'ordonnance.

Cet article ne dit pas, si lorsque le cautionnement a été fourni *en argent*, un jugement de main-

levée des sommes déposées, devient également nécessaire ; mais cela nous semble être une conséquence de la disposition par laquelle l'inscription ne peut être vendue qu'en exécution d'un
jugement.

II. L'ordonnance ne dit pas non plus, devant
quels juges il faudra se pourvoir pour obtenir l'autorisation de vendre, ni si la partie condamnée
doit être appelée pour défendre à la demande ;
mais comme il ne s'agit, en pareil cas, que de l'exécution du jugement qui a prononcé la condamnation,
il est sous-entendu que ce sont les juges qui l'ont
prononcée, qui doivent être saisis ; et il n'est
pas douteux , que la caution doit être sommée
de comparaître au jour indiqué par l'órdonnance
du président, pour prononcer sur l'incident ; car
il serait possible qu'elle eût libéré son cautionnement, et l'on ne peut la priver de ses moyens
de justification : c'est d'ailleurs, d'un *jugement*
et non pas d'une simple *ordonnance,* que parle
l'article 5, et les lois ne fournissent aucun exemple, qu'un *jugement* puisse être rendu, sans que
les parties intéressées aient été appelées devant
le tribunal qui doit prononcer.

III. L'ordonnance ne s'explique pas d'avantage
sur le point de savoir, si le jugement qui autorise
la vente, doit être signifié avant que d'être mis à
exécution ; mais, tout jugement doit l'être, lorsque
la partie qui l'a obtenu ne s'en trouve pas dispensée,
par une disposition *spéciale* de la loi ; et l'ordonnance n'a pas dérogé sur ce point au droit commun :

nous pensons même, que le jugement qui intervient en cette matière, comme dans toutes les autres, est susceptible d'opposition, même d'appel,
du moment que l'ordonnance n'a prohibé ni l'une ni
l'autre de ces voies de droit : il pourra bien, sans
doute, en résulter quelques longueurs, mais il n'y a
pas péril dans la demeure, et il n'est pas à craindre
que jamais les condamnés abusent de cette faculté,
qui ne les conduirait à rien, qu'à leur faire supporter
des frais encore plus considérables, la loi leur interdi-
sant de faire aucune publication de leurs feuilles,
après la quinzaine expirée, depuis que la notification leur a été faite du jugement qui a prononcé leur
condamnation.

IV. S'il y avait *insuffisance* dans le montant de
la vente de l'inscription, ou dans le dépôt fait à la
caisse des consignations, il faudrait en user comme
il est dit dans l'article 3 de la loi du 9 juin ; mais s'il
y avait de *l'excédant,* quel moyen le dépositaire
devrait-il prendre pour s'en procurer la remise ?
S'il était dans l'intention de continuer son entreprise,
il lui suffirait de consigner la somme distraite, ou
de la remplacer en inscriptions, en observant les
formalités prescrites pour assurer le privilége qui
est accordé par ledit article 3 : si le condamné voulait, au contraire, cesser son entreprise, il devrait
attendre l'expiration des délais fixés par l'article 7
de l'ordonnance, pour demander la restitution de
cet excédant ; et pour l'obtenir, il devrait s'adresser
au ministre des finances, qui ne pourrait refuser
de l'ordonner, s'il n'avait pas été fait de saisie de

cet excédant, entre les mains de l'agent du Trésor public.

ARTICLE VI.

Le complètement ou le remplacement d'un cautionnement aura lieu dans les formes prescrites pour le cautionnement primitif.

Cet article porte, en lui-même, son explication ; nous observerons seulement que le cautionnement peut être fait, partie en inscriptions et partie en argent; et par suite, qu'il pourrait être complété de l'une ou de l'autre manière, à la convenance de la caution.

ARTICLE VII.

Le propriétaire ou éditeur de journal ou écrit périodique qui voudra cesser son entreprise, en fera déclaration au préfet du département, ou, à Paris, au préfet de police. Le préfet lui donnera acte de ladite déclaration : sur le vu de cette pièce, et après un délai de trois mois, son cautionnement sera remboursé ou libéré, à moins que, par suite de condamnations ou de poursuites commencées, des oppositions n'aient été faites, soit à la caisse des consignations, soit entre les mains de l'agent judiciaire ou du directeur de l'enregistrement.

1. Rien ne peut mettre obstacle à ce que le propriétaire ou l'éditeur d'un journal ou d'un écrit pé-

riodique cesse son entreprise ; mais lorsqu'il prend ce parti, il doit en faire la déclaration et s'en faire donner acte par le préfet qui la reçoit.

Ce n'est que *trois mois* après sa déclaration, que la caution peut réclamer la remise de son inscription ou le montant des sommes qu'elle a versées dans la caisse des consignations ; mais ce délai passé, il lui suffit de justifier de l'acte qui lui a été donné de la déclaration qu'elle a faite de vouloir cesser son entreprise, et du certificat portant, qu'il n'est intervenu, dans l'intervalle, aucune condamnation, ni commencé aucune poursuite contre l'éditeur responsable, pour que rien ne s'oppose à ce que la remise en soit faite. Le certificat doit être délivré par l'agent judiciaire ou par le directeur de l'enregistrement, si le cautionnement a été fait en inscription directe ou départementale, ou par le receveur de la caisse des consignations, s'il a été fait en argent : cependant, d'autres créanciers de la caution, pourraient avoir formé des oppositions à ce que le montant du cautionnement lui fut remis ; et la question serait alors de savoir, si le dépositaire pourrait se dessaisir, tant que la main-levée des oppositions n'aurait pas été prononcée.

L'ordonnance du Roi ne parle que des oppositions qui peuvent avoir été faites, par suite de condamnations ou de poursuites commencées, ce qui ne peut s'entendre que de celles qui peuvent être formées par le Trésor ou par la partie civile, dont le cautionnement est le gage ; mais on ne peut en tirer la conséquence, que Sa Majesté ait entendu pri-

ver les autres créanciers de la caution, des droits
qu'ils peuvent avoir sur le cautionnement; d'où suit
que, s'il existait des oppositions de la part de qui
que ce fût, entre les mains du directeur de la caisse
des consignations, la remise des sommes déposées
ne pourrait être faite avant qu'il eût été justifié de
leur main-levée : mais si le cautionnement avait été
fourni en inscriptions, dont la loi n'autorise pas la
saisie, hors du cas prévu par l'article 5 de l'ordonnance, il n'en serait pas de même; les seules oppositions du Trésor ou de la partie civile pourraient
mettre obstacle à la remise.

11. Quoique dans le cas du dépôt fait en argent à
la caisse des consignations, les sommes à verser
doivent l'être *au cours de la rente du jour*, ce n'en
est pas moins *en argent* et dans les mêmes valeurs,
que la caisse qui les a reçues, doit en faire la restitution, que la rente soit en hausse ou qu'elle soit
en baisse lors du remboursement qui doit s'effectuer; car c'est un *dépôt* qui a été fait, et il est de
l'essence du contract de dépôt qu'il soit rendu en
même nature.

Mais la caisse des consignations est-elle tenue de
payer l'intérêt des sommes déposées; et dans le
cas où elle en est tenue, à quel taux doit-elle en
faire le paiement? Si le cautionnement avait été fait
en inscriptions, la caution en aurait touché les arrérages et même à un taux fort élevé : comment pourrait-elle être privée d'en recevoir, lorsqu'elle
a fait son cautionnement en argent? Si l'ordonnance du Roi ne s'est occupée que des arrérages

des inscriptions de rentes, elle a laissé les choses, à l'égard du cautionnement fait en argent, dans les termes du droit commun; et l'on doit suivre en conséquence, ce qui est réglé à la caisse des consignations, sur la manière dont se paient les intérêts des sommes qui y sont versées pour cautionnement.

ARTICLE VIII.

Il est accordé aux éditeurs ou propriétaires des journaux et écrits périodiques désignés par l'article 1er de la loi, actuellement existans, un délai de quinze jours pour accomplir les formalités prescrites par la loi de ce jour et par la présente ordonnance.

Tous les effets que cet article a dû produire l'ont été, ce qui dispense de nous en occuper.

ARTICLE IX.

Notre garde des sceaux ministre de la justice, nos ministres de l'intérieur et des finances, sont chargés, chacun en ce qui le concerne, de l'exécution de la présente ordonnance, qui sera insérée au Bulletin des lois.

Cet article ne contient qu'une formule d'usage.

§ V.

LOI DU 31 MARS 1820,

Sur la publication des journaux et écrits périodiques.

ARTICLE PREMIER.

La libre publication des journaux et écrits périodiques, consacrés en tout ou en partie aux nouvelles et aux matières politiques, paraissant soit à jour fixe, soit irrégulièrement et par livraisons, est suspendue temporairement jusqu'au terme ci-après fixé.

I. Cet article SUSPEND, jusqu'à la fin de la session des chambres de 1820, la libre publication des journaux et écrits périodiques qui sont consacrés, en tout ou en partie, aux nouvelles et aux matières politiques : jusqu'à cette époque, les feuilles de cette espèce ne pourront paraître, sans avoir été *préalablement* soumises à la *censure*.

II. Le rétablissement de la censure donna lieu, dans la Chambre des Députés, à une discussion très animée : les orateurs de l'opposition, surtout, y développèrent le plus rare talent; leurs discours seront recueillis comme des modèles de raison et d'éloquence; cependant, le projet fut converti en loi; et il faut supposer, que si la majorité des Chambres vota dans ce sens, elle ne le fit qu'entraînée par les *circonstances* du moment; car l'esprit se refuse à penser, que *prévenir* et *réprimer,* soient des mots identiques; et que la Charte ait *excepté* de sa disposition, les éditeurs de journaux et écrits périodiques, lorsqu'elle a déclaré, sans y mettre aucune *restriction,* que *les Français ont le droit de publier et de faire imprimer leurs opinions, en se conformant aux lois qui doivent réprimer les abus de cette liberté :* on ne perd pas, en effet, la qualité de *français,* parce que l'on se rend *éditeur d'un journal ou d'un écrit périodique ;* et ce ne sont toujours que des *opinions* que l'on énonce, que des nouvelles que l'on publie , quoiqu'elles se trouvent consignées dans ces sortes d'écrits.

Ce ne furent donc bien évidemment, que les *circonstances* où l'on se trouvait alors, qui déterminèrent l'adoption du projet de loi du 31 mars; ce qui pourrait donner lieu d'examiner s'il peut y avoir des circonstances telles, qu'elles autorisent la *violation* de la Charte ; et en particulier, s'il en existait, de cette nature, au 31 mars : mais l'examen de ces questions serait oiseux aujourd'hui, que la loi est rendue ; il sortirait d'ailleurs du cercle que nous nous sommes tracé : nous dirons seulement, en empruntant les paroles d'un célèbre historien, *que plus les passions ont été agitées , plus l'empire de la loi doit être inexorable et égal ; qu'aussi , les états généraux qui furent assemblés sous Charles IX, avaient demandé qu'il plût au roi de laisser libre le cours ordinaire de la justice, attendu que les*

*dérogations au droit commun ne sont sollicitées
que pour frauder la loi.*

ARTICLE II.

*Aucun desdits journaux et écrits périodiques
ne pourra être publié qu'avec l'autorisation du
Roi.*

*Toutefois, les journaux et écrits périodiques
actuellement existans continueront de paraître,
en se conformant'aux dispositions de la présente loi.*

Le premier paragraphe de cet article ne fait que
reproduire les dispositions de la loi du 28 février
1817, qui avait pris fin au 1er janvier 1818; cependant, la loi du 31 mars n'a pas exigé que les éditeurs
de journaux ou écrits périodiques qui se trouvaient
établis, se pourvussent d'une nouvelle autorisation;
et, en ce point, elle a respecté les droits acquis ; mais
elle n'a pas moins soumis ces anciennes feuilles
à la censure, ce qui a décidé plusieurs éditeurs
de ces écrits à cesser leur entreprise, sans qu'ils
aient été arrêtés par la perte que cette interruption doit nécessairement leur faire éprouver. Il y a
même cela de remarquable, que le même parti
a été pris par des éditeurs d'écrits périodiques,
d'opinions les plus opposées, tant la *censure* a paru
redoutable à *tous;* quoiqu'elle ne dût pas être

16

exercée envers tous avec la même rigueur, comme cela résultait de la discussion.

ARTICLE III.

L'autorisation exigée par l'article précédent ne pourra être accordée qu'à ceux qui justifieront s'être conformés aux conditions prescrites à l'article 1er de la loi du 9 juin 1819.

Cet article n'est que le mode d'exécution de l'article 1er. Il semblerait en résulter, que la personne qui sollicite l'autorisation exigée, devrait joindre à sa requête, la preuve qu'elle a fourni son cautionnement; mais l'ordonnance du Roi, du 1er avril, a paré aux inconvéniens qui auraient pu naître d'un cautionnement préalable, en n'ordonnant la justification qu'il a été fourni, *qu'ensuite* de l'arrêté pris par le ministre de l'intérieur, portant qu'il y a lieu d'accorder l'autorisation; et pourvu que cette justification fût faite *avant* que le décret d'autorisation fût rendu.

ARTICLE IV.

Avant la publication de toute feuille ou livraison, le manuscrit devra être soumis, par le propriétaire ou l'éditeur responsable, à un examen préalable.

1. C'est par cet article 4 que la *censure* des jour-

naux se trouve rétablie; et ce fut principalement
sur son rétablissement que s'engagea la discussion
la plus orageuse, dans la Chambre des députés; ce
qui n'aurait rien eu d'étonnant, lors même que les
dissidens n'auraient pas eu à opposer au système
de censure, les dispositions de l'article 8 de la Charte;
car les journaux *censurés* appellent nécessairement
la défiance; et le meilleur moyen que puisse avoir
un gouvernement de s'affermir, est de s'attirer la
confiance.

II. Si les rédacteurs des journaux ou écrits périodiques, sortent des bornes de la décence ou de la
vérité; s'ils se rendent coupables de provocation,
d'offense, de diffamation ou d'injure, la partie publique est chargée d'en provoquer la punition, et
les tribunaux de l'infliger à ses auteurs : le journal,
d'ailleurs, qui se permettrait d'avancer des faits con-
trouvés, en serait bientôt repris par les autres journaux; de sorte que les faits faux qu'il aurait publiés,
n'auraient pu faire qu'une impression passagère; et
s'il retombait dans la même faute, il perdrait tout
son crédit : l'on aurait pu, sans doute, s'en remettre
à cet intérêt, qui est le plus puissant mobile des
actions de tous ceux qui se livrent à des entreprises
commerciales.

III. Ce n'est que de la contradiction que jaillit la
vérité, et les journaux censurés ne peuvent plus
parler que le même langage; ils ne peuvent exprimer que l'opinion des censeurs ou de leurs commet-
tans; car il est bien évident que les censeurs ne

16..

permettront jamais d'énoncer une opinion qui ne sera pas la leur.

Il faut perdre l'espoir de faire penser les hommes, d'après le sentiment d'autrui : chacun veut juger par soi-même et à connaissance de cause : on veut bien se laisser *persuader,* mais on ne veut pas être *forcé de croire :* on suppose toujours une arrière-pensée dans celui qui prétend dicter la loi, sans chercher à en faire apprécier le mérite : cette manière de voir et de sentir est tellement innée, que ce serait une entreprise vaine, que de prétendre la faire changer.

iv. Tant que les journaux et les écrits périodiques seront soumis à la censure *préalable,* les *pamphlets,* les *brochures* se multiplieront : on en a la preuve; et qu'en résulte-t-il? Que l'on n'use plus, dans ces ouvrages, d'aucun ménagement, et que toutes les vérités, tous les faits que les ciseaux de la censure ont élagués des journaux et des écrits périodiques, y sont recueillis et consignés; et ce résultat sera toujours le même. Si les ouvrages de ce genre parviennent plus difficilement à se propager, ils font aussi une bien plus forte impression : on lit la feuille du jour, le lendemain, elle est oubliée; mais il n'en est pas de même d'un ouvrage de longue haleine; on y attache une toute autre importance. L'établissement de la censure ne peut donc atteindre le but que l'on s'est proposé; et il nous aurait semblé dès-lors, qu'elle aurait dû être écartée, sous le rapport même de la politique ; aussi n'a-t-elle été que temporairement décrétée, et tout bon citoyen doit s'y soumettre, lors même que, dans son intérieur, il jugerait que la mesure est mauvaise : aussi, nos observations ne tendent-elles qu'à établir, qu'il sera plus dans l'intérêt de la chose publique de rapporter la loi qui l'institue, que d'en renouveler les dispositions. Mais, en attendant, la commission de censure doit se garder de la rendre plus insupportable encore qu'elle ne l'est déjà par elle-même, en mettant de la *partialité* dans ses opérations : ce n'est pas, comme des hommes de *parti,* que le Gouvernement a choisi les censeurs, mais comme des hommes *sages ;* et ils doivent répondre à la confiance qui leur a été accordée ; s'ils s'en écartaient, ils perdraient aussitôt la considération qu'ils auraient pu s'acquérir par les plus longs travaux.

ARTICLE V.

Tout propriétaire ou éditeur responsable qui aurait fait imprimer et distribuer une feuille ou une livraison d'un journal ou écrit périodique sans l'avoir communiquée au censeur avant l'impression, ou qui aurait inséré dans une desdites feuilles ou livraisons un article non communiqué ou non approuvé, sera puni correctionnellement d'un emprisonnement d'un mois à six mois, et d'une amende de deux cents francs à douze cents francs, sans préjudice des poursuites auxquelles

pourrait donner lieu le contenu de ces feuilles,
livraisons et articles.

Cet article n'a besoin d'aucun commentaire. Le
manuscrit de tout journal ou écrit périodique,
qui est consacré aux nouvelles et matières politiques, doit être soumis à la censure *avant l'im-*
pression ; il ne peut être inséré dans ces feuilles
aucun article *non communiqué et non approuvé,*
sous peine de la condamnation de l'éditeur responsable, à l'emprisonnement et à l'amende ; *sans pré-*
judice de l'application des autres peines qui pourraient être encourues, pour faits de publication ou
diffamation résultans de l'article non censuré ; de
sorte que, dans ce cas, les deux peines devraient
être appliquées ; ce qu'indique suffisamment cette
locution, *sans préjudice ;* et ce qui est une dérogation au droit commun, pour ce cas spécial.

ARTICLE VI.

Lorsqu'un propriétaire ou éditeur responsable
sera poursuivi en vertu de l'article précédent, le
Gouvernement pourra prononcer la suspension
du journal ou écrit périodique jusqu'au jugement.

La disposition de l'article 6 ne devient applicable
qu'au cas où il est fait *des poursuites* contre l'éditeur responsable, soit pour n'avoir pas communiqué le manuscrit *avant l'impression,* soit pour
avoir inséré dans sa feuille des articles *non com-*

muniqués ou *non approuvés :* la loi réserve alors au Gouvernement la *faculté* de *suspendre* la publication du journal ou de l'écrit périodique, et le Gouvernement en a délégué le pouvoir à un conseil de censure établi par l'ordonnance du Roi du premier avril ; mais l'arrêté que prend le conseil, dans le cas de suspension comme dans celui de suppression, ne peut produire d'effet que lorsqu'il a reçu l'approbation du ministre compétent.

ARTICLE VII.

Sur le vu du jugement de condamnation, le Gouvernement pourra prolonger, pour un terme qui n'excédera pas six mois, la suspension dudit journal ou écrit périodique. En cas de récidive, il pourra en prononcer définitivement la suppression.

I. C'est de même au conseil de censure que l'ordonnance du Roi délègue le pouvoir de *prolonger* la suspension, lorsqu'il est intervenu un jugement de condamnation contre l'éditeur responsable ; mais cette prolongation de suspension ne peut être prononcée pour un terme de plus de six mois.

II. Lorsqu'il y a eu suspension dans le cas prévu par l'article 6, les six mois commencent à courir du jour de cette suspension ; car elle se prolongerait sans cela, pour un terme de plus de six mois, contre le vœu formel de la loi; et la suspension équivaudrait ou à peu près, dans ce cas, à une suppression : aussi la sagesse du conseil de censure est un sûr garant qu'il ne se décidera jamais à prononcer la suspension, pour un terme aussi long que celui de six mois, que dans des circonstance extrêmement graves.

III. S'il y avait *récidive,* la suppression du journal ou de l'écrit périodique *pourrait* être *définitivement* prononcée ; mais ce ne serait qu'autant que la condamnation pour *récidive* résulterait d'un jugement, ayant acquis la force *de la chose jugée.*

ARTICLE VIII.

Nul dessin imprimé, gravé ou lithographié, ne pourra être publié, exposé, distribué ou mis en vente, sans l'autorisation préalable du Gouvernement.

Ceux qui contreviendraient à cette disposition, seront punis des peines portées en l'article 5 de la présente loi.

I. Cet article fut ajouté par *amendement* au projet de loi, malgré l'opposition de plusieurs membres de la Chambre des Députés, et les fortes raisons qu'avait données M. de Girardin pour en appuyer le rejet; et qu'il tirait principalement de la funeste influence que cet amendement ne manquerait pas d'exercer sur cette partie productive de l'industrie française.

11. L'article 12 de l'ordonnance du Roi du 1ᵉʳ avril, détermine le mode d'exécution de cette disposition de la loi, dont la violation doit emporter les peines de *l'emprisonnement* et de *l'amende*, qui ont été prononcées par l'article 5.

ARTICLE IX.

Les dispositions des lois du 17 mai, du 26 mai et du 9 juin 1819, auxquelles il n'est point dérogé par les articles ci-dessus, continueront à être exécutées.

Il n'a été dérogé par la loi du 31 mars qu'aux dispositions de celles des 17, 26 mai et 9 juin 1819, qui leur seraient contraires; d'où suit, que les formalités à observer dans les poursuites, doivent être les mêmes que celles qui sont commandées par les lois de mai et de juin.

ARTICLE X.

La présente loi cessera de plein droit d'avoir son effet à la fin de la session de 1820.

Il avait été demandé, que la loi du 31 mars cessât de recevoir son exécution à partir du jour de la clôture de la session des Chambres de 1819 ; mais cet amendement fut rejeté : la loi ne cessera donc de produire son effet qu'à la clôture de la session de 1820, si, plutôt elle n'est rapportée, comme il est fort à désirer que la chose arrive : mais à cette époque, ne sera-t-elle encore que remplacée? La loi du 9 novembre 1815, devait cesser *de plein droit* de produire son effet à une époque déterminée, et cependant elle ne fut que *remplacées* ce qui prouve, combien il faut se garder de décréter trop légèrement les lois, qui peuvent porter une atteinte, même simplement momentanée, aux droits des citoyens.

§ VI.

ORDONNANCE DU ROI DU 1ᵉʳ AVRIL 1820,

Concernant l'exécution de la loi du 31 mars 1820, relative à la publication des journaux et écrits périodiques.

TITRE PREMIER.

DE L'AUTORISATION DES JOURNAUX OU ÉCRITS PÉRIODIQUES.

ARTICLE PREMIER.

Dans les cinq jours qui suivront la publication de la présente ordonnance, les propriétaires ou éditeurs responsables des journaux et écrits périodiques actuellement existans seront tenus de déclarer, à Paris, devant le préfet de police, et dans les départemens, devant les préfets, qu'ils entendent se conformer aux dispositions de la loi du 31 mars 1820, et profiter, en conséquence, de l'autorisation qui leur est accordée par l'article 2 de ladite loi.

Cet article n'est plus aujourd'hui d'aucun intérêt ; il fut purement transitoire et il a reçu toute l'exécution qu'il pouvait avoir.

ARTICLE II.

A l'avenir, toute personne qui voudra publier un nouveau journal, sera tenue, pour obtenir notre autorisation, de présenter sa demande à notre ministre secrétaire d'état au département de l'intérieur. Si la demande est admise, notre autorisation sera accordée au requérant sur la preuve qu'il a satisfait aux conditions prescrites en l'article 1er de la loi du 9 juin 1819.

Il n'en est pas de même de l'article 2 qui doit recevoir son exécution aussi long-temps que la loi du 51 mars 1820 exercera son empire : cet article indique beaucoup plus clairement que ne l'a fait la loi, la manière dont la demande en autorisation doit être formée et l'époque à laquelle doit être versé le cautionnement : c'est au ministre de l'Intérieur, que la demande doit en être faite, et ce n'est qu'après qu'elle a été *admise* par Son Excellence, que le cautionnement doit être fourni : tout ce qu'exige l'ordonnance relativement au cautionnement, c'est qu'il soit justifié qu'il a été versé *avant* que le *brevet d'autorisation* soit délivré; d'où suit, que *le brevet d'autorisation* doit toujours être précédé *d'un arrêté d'admission.*

ARTICLE III.

Le brevet d'autorisation, délivré par notre ministre secrétaire d'état de l'intérieur, sera enregistré, sans frais, au tribunal civil du lieu *où le journal ou écrit périodique sera publié.*

L'article 3 ne dit pas si l'*enregistrement* du brevet d'admission doit *précéder* la publication du journal ou de l'écrit périodique ; mais ce sera mieux rentrer dans l'esprit de l'ordonnance, que de commencer par le faire enregistrer ; cependant, il ne l'aurait pas été, *avant* la publication, que l'éditeur ne serait passible d'aucune peine, aucune loi n'en ayant établi, pour ce fait, et aucune ne pouvant être légalement appliquée, qu'elle n'ait été prononcée par une loi *préexistante.*

TITRE II.

DE LA CENSURE.

ARTICLE IV.

Il y aura à Paris, auprès de notre ministre *secrétaire d'état au département de l'intérieur,* *une commission chargée de l'examen préalable* *de tous les journaux et écrits périodiques.*

Cet article établit, pour Paris, *une commission de censure,* dont l'article 5 a fixé le nombre des membres à *douze :* ce nombre est restreint à trois pour chaque département.

C'est près du *ministre de l'intérieur* que la commission de censure est établie à Paris ; elle l'est près des *préfets* dans les départemens.

La commission est chargée de l'examen des journaux ou écrits périodiques, *avant* leur publication.

ARTICLE V.

Cette commission sera composée de douze cen-
seurs : ils seront nommés par nous, sur la pré-
sentation de notre ministre secrétaire d'état de
l'intérieur.

Le Roi s'est réservé la nomination des censeurs
sur la présentation du ministre de l'intérieur : Sa
Majesté les a nommés pour Paris par ses ordonnances des 1er et 5 avril; et, dès cette époque, ils
sont en activité de service.

ARTICLE VI.

Tout article de journal ou écrit périodique de-
vra, avant d'être imprimé, avoir été revêtu du
visa de la commission, qui en autorisera la pu-
blication, conformément à l'article 5 de la loi
du 31 mars 1820.

1. L'article 5 de la loi du 31 mars se bornait à dire,
que les éditeurs de journaux et écrits périodiques,
ne pourraient publier *aucun article*, dans leurs
feuilles, *avant* qu'il eût été communiqué et approuvé; mais sans indiquer le mode de communication, ni la manière dont il devait être justifié de
l'approbation requise : l'article 6 de l'ordonnance
du Roi laisse planer la même incertitude sur le fait
de la communication; il porte seulement, qu'aucun
article ne doit être imprimé, sans avoir été préalablement revêtu du *visa* de la commission de censure.

Quant à la manière dont la *communication* doit
être faite, elle a été réglée, pour Paris, par un arrêté de la commission de censure, que nous ne con-
naissons qu'imparfaitement; et cependant assez,
pour savoir qu'il aurait pu rendre la condition
des journalistes beaucoup moins pénible.

11. Le refus qui fut fait aux journalistes, par la commission de censure, d'insérer dans leurs feuilles
un discours qu'avait prononcé M. de Ségur à la
Chambre des Pairs, dont cette chambre avait
ordonné l'impression; et surtout, la persistance
mise par la commission, dans son refus, avant
que M. le grand référendaire de la Chambre des
Pairs eût autorisé cette impression, donna lieu, dans
cette Chambre, à de sérieux débats, aux séances
des 26 et 27 juin; et M. le ministre des affaires
étrangères, qui était présent, convint qu'il était
impossible de méconnaître, que la commission
avait tiré une conséquence *déraisonnable* des principes qu'elle s'était faits; en ajoutant qu'elle n'avait
péché que *par un excès de zèle*: mais la loi n'est-
elle pas déjà, par elle-même, assez rigoureuse, sans
que les agens chargés de la faire exécuter, se
fassent encore des principes tendant à en aggraver
les dispositions, par des applications *déraisonna-
bles?* Ne devraient-ils pas, au contraire, chercher
tous les moyens d'en tempérer la sévérité? Mais
c'est toujours, par suite d'un zèle outré et déraisonnable, que l'on parvient à exciter le mécontente-
ment, et à rendre odieux, ce qui pourrait paraître
supportable.

ARTICLE VII.

La commission ne pourra prononcer, s'il n'y a au moins cinq membres présens.

I. Le nombre de *cinq* censeurs, au moins, est nécessaire à *Paris* pour prononcer, s'il y a lieu, d'accorder ou de refuser le *visa;* mais comment constater l'observation de cette formalité? Et si le *visa* ou le refus de le délivrer avait été l'ouvrage *d'un seul membre* de la commission, que pourrait-il en résulter?

II. L'article 7 ne dit pas, si la feuille qui a été imprimée ensuite du *visa,* peut donner lieu à des poursuites contre son auteur; ni si les censeurs pourraient être recherchés pour avoir *refusé de viser* des articles, dont la publication n'aurait présenté aucun inconvénient: mais, il fut convenu lors de la discussion, que *le visa* ne mettait pas l'auteur à couvert des poursuites; et l'on ne doit pas supposer, que des censeurs qui ont obtenu la confiance du Roi, puissent porter la malveillance, au point de refuser leur *visa* sur des articles dont la publication ne pourrait avoir aucun danger : mais ils se rendraient coupables d'un véritable déni de justice, qu'ils ne seraient justiciables que du Gouvernement, qui peut les révoquer comme il les a choisis. En serait-il de même, si les censeurs avaient donné leur *visa* ou le permis d'imprimer, à un article qui pourrait donner lieu à des poursuites contre son auteur, pour cause de provocation, d'offense, de diffamation ou d'injure? Si l'on considère les censeurs comme agens du Gouvernement, ils ne pourraient être poursuivis comme *complices* de l'offense ou de la provocation, que dans le cas où le Conseil d'État l'aurait autorisé: mais sont-ils bien réellement des *agens* du Gouvernement, dans le sens attaché à ce mot? S'ils ne le sont pas, qu'est-ce qui pourrait arrêter les poursuites qui seraient dirigées contre eux?

On devient *complice* d'un délit, aux termes de l'article 60 du Code pénal, *en aidant, avec connaissance de cause,* l'auteur du délit à le commettre; et c'est bien certainement, de la part des censeurs, *aider l'auteur* et l'*aider sciemment,* que de l'autoriser à publier des provocations, des offenses, des diffamations ou injures; car on ne peut supposer qu'ils se décident à donner leur VISA *sans avoir lu* et sans avoir agi dès-lors avec connaissance de cause.

ARTICLE VIII.

Dans chaque chef-lieu de département, il y aura, auprès du préfet, une commission de trois censeurs, chargée de l'examen préalable des journaux et écrits périodiques qui seront publiés dans le département. &

Nous avons déjà dit que la commission de censure établie dans chaque chef-lieu de département, ne doit être composée que de *trois* membres. L'ordonnance ne dit pas à qui appartient leur nomination; mais il semble, qu'à l'instar de ceux de Paris, ils doivent l'être par le Roi, sur la présentation des préfets, par l'intermédiaire du ministre de l'intérieur.

ARTICLE IX.

Un conseil de neuf magistrats, nommés par nous sur la présentation de notre garde des sceaux, ministre secrétaire d'état au département de la justice, sera chargé de la surveillance de la censure.

I. Par son article 9, l'ordonnance du 1er avril établit *un conseil de surveillance de la censure ;* et, par une autre ordonnance du 5, Sa Majesté en a nommé les membres.

II. Le projet de loi du 31 mars, portait que ce Conseil serait composé de trois membres de la Chambre des Pairs, de trois membres de celle des Députés et de trois magistrats inamovibles ; mais sur les observations des Chambres, l'article du projet fut retranché ; il se trouve reproduit sous une forme nouvelle dans l'ordonnance du 1er avril, qui est très constitutionnelle, en ce qu'elle ne fait qu'établir un mode d'exécution des dispositions de la loi du 31 mars, qui réserve au Gouvernement le droit de *suspendre,* même de *supprimer* les journaux et écrits périodiques ; dans le cas que ces articles déterminent.

ARTICLE X.

La commission de censure de Paris rendra,

*une fois par semaine, un compte raisonné de ses
décisions au conseil de surveillance. Les commissions des départemens lui rendront compte de
leurs opérations au moins une fois par mois.*

Cet article règle les devoirs de la commission de
censure envers le Conseil de surveillance : la commission de censure, établie pour Paris, doit rendre
chaque semaine, à ce Conseil, un compte raisonné
de ses décisions ; et celles établies dans les départemens, doivent le lui rendre une fois au moins chaque
mois ; mais à quelles fins ce compte doit-il être
rendu, si le Conseil de surveillance n'a pas le droit
de rien ordonner ? Il y a, sous ce rapport, une lacune dans l'ordonnance ; car les comptes à rendre
doivent avoir un objet, et cet objet doit être nécessairement celui de faire cesser les abus qui pourraient
se glisser dans les décisions des commissions de
censure.

ARTICLE XI.

*Quand il y aura lieu, en exécution de l'article 6
de la loi du 31 mars 1820, à la suspension provisoire d'un journal ou écrit périodique, elle
sera prononcée par le Conseil de surveillance,
sous l'approbation de notre ministre secrétaire
d'état au département de la justice. Il en sera de
même, quand il y aura lieu, en exécution de
l'article 7 de ladite loi, de prononcer la suspension ou la suppression d'un journal ou écrit périodique après jugement.*

L'article 11 est le seul qui donne quelque autorité au Conseil de censure : il l'autorise à prononcer la suspension et même la suppression des journaux ou écrits périodiques, dans les cas déterminés par la loi ; mais la suspension ou la suppression que le Conseil prononce, doit être approuvée par le ministre de la justice : la délibération du Conseil n'emporte pas même l'exécution provisoire ; c'est plutôt un simple avis que donne le Conseil, qu'une véritable décision qu'il porte. Le Conseil n'en doit pas moins être très circonspect , lorsqu'il s'agit de prendre un parti dans pareille occasion ; car il y va souvent de la ruine du propriétaire du journal ou de l'écrit périodique ; et, dans tous les cas, il doit en résulter pour lui une perte considérable.

TITRE III.

DES DESSINS, ESTAMPES ET GRAVURES.

ARTICLE XII.

L'autorisation préalable exigée par l'article 8 de la loi du 31 mars 1820, pour la publication, exposition, distribution ou mise en vente de tout dessin ou estampe gravé ou lithographié, qui, à l'avenir, sera déposé conformément à l'article 8 de notre ordonnance du 24 octobre 1814, sera accordée, s'il y a lieu, en même temps que le récépissé mentionné en l'article 9 de ladite ordonnance. Toute autorisation accordée sera insérée au Journal de la librairie.

Il n'en est pas de même de l'autorisation exigée

par l'article 8 de la loi du 31 mars 1820, pour la publication *des dessins, estampes et gravures,* que de celle qui est exigée par l'article 2 pour les journaux et écrits périodiques : elle doit bien être préalable, comme celle-ci, à la publication ; mais elle ne doit pas nécessairement *précéder* l'impression; l'article 12 de l'ordonnance exige seulement qu'une autorisation soit accordée, ensuite du *récépissé,* qui doit être délivré lors du dépôt des exemplaires, à faire en exécution de la loi du 21 octobre 1814 ; mais cette autorisation peut être *refusée.* Lorsqu'elle a été donnée, l'auteur se trouve à l'abri de toutes poursuites; car ce n'est pas un simple *visa* de la commission de censure, mais une véritable autorisation qui est accordée.

ARTICLE XIII.

Notre ministre secrétaire d'état au département de l'intérieur, et notre garde des sceaux, ministre secrétaire d'état au département de la justice, sont chargés, chacun en ce qui le concerne, de l'exécution de la présente ordonnance.

La disposition de cet article n'est que de pure forme.

FIN.

TABLE DES MATIÈRES.

§ Iᵉʳ.

LOI DU 17 MAI 1819,

SUR LA RÉPRESSION DES CRIMES ET DÉLITS COMMIS PAR LA
VOIE DE LA PRESSE, OU PAR TOUT AUTRE MOYEN DE
PUBLICATION.

CHAPITRE PREMIER.

CHAPITRE II.

CHAPITRE III.

CHAPITRE IV.

CHAPITRE V.

CHAPITRE VI.

§ II.

LOI DU 26 MAI 1819,

**RELATIVE A LA POURSUITE ET AU JUGEMENT DES CRIMES ET
DÉLITS COMMIS PAR LA VOIE DE LA PRESSE OU PAR TOUT
AUTRE MOYEN DE PUBLICATION.**

§ III.

LOI DU 19 JUIN 1819,

RELATIVE A LA PUBLICATION DES JOURNAUX OU ÉCRITS PÉRIODIQUES.

§ IV.

ORDONNANCE DU ROI DU 9 JUIN 1819,

CONCERNANT L'EXÉCUTION DE LA LOI RELATIVE A LA PUBLICATION DES JOURNAUX OU ÉCRITS PÉRIODIQUES.

§ V.

LOI DU 31 MARS 1820,

SUR LA PUBLICATION DES JOURNAUX ET ÉCRITS PÉRIODIQUES.

§ VI.

ORDONNANCE DU ROI DU 1er AVRIL 1820,

CONCERNANT L'EXÉCUTION DE LA LOI DU 31 MARS 1820, RELATIVE A LA PUBLICATION DES JOURNAUX ET ÉCRITS PÉRIODIQUES.

TITRE PREMIER.

TITRE II.

TITRE III.

FIN DE LA TABLE DES MATIÈRES.

www.ingramcontent.com/pod-product-compliance
Lightning Source LLC
Chambersburg PA
CBHW070304200326
41518CB00010B/1880

* 9 7 8 2 0 1 3 5 3 0 2 9 3 *